Armadilhas da química amorosa

A Artmed é a editora oficial da FBTC

C268a Cardoso, Bruno Luiz Avelino.
Armadilhas da química amorosa : aprenda com a terapia do esquema a identificá-las e encontre relacionamentos saudáveis / Bruno Luiz Avelino Cardoso, Kelly Paim. – Porto Alegre : Artmed, 2024.
xiii, 103 p. il. ; 23 cm.

ISBN 978-65-5882-177-9

1. Terapia cognitiva focada em esquemas. 2. Psicologia. 3. Relacionamentos. I. Paim, Kelly. II. Título.

CDU 159.922

Catalogação na publicação: Karin Lorien Menoncin – CRB 10/2147

Bruno Luiz Avelino **Cardoso**
Kelly **Paim**

Armadilhas da química amorosa

aprenda com a **terapia do esquema** *a identificá-las e encontre relacionamentos saudáveis*

Porto Alegre
2024

© GA Educação Ltda., 2024.

Gerente editorial
Letícia Bispo de Lima

Colaboraram nesta edição:

Coordenadora editorial
Cláudia Bittencourt

Capa
Paola Manica/Brand&Book

Preparação de original
Heloísa Stefan

Leitura final
Marquieli Oliveira

Editoração
Ledur Serviços Editoriais Ltda.

Reservados todos os direitos de publicação à
GA EDUCAÇÃO LTDA.
(Artmed é um selo editorial do GA EDUCAÇÃO LTDA.)
Rua Ernesto Alves, 150 – Bairro Floresta
90220-190 – Porto Alegre – RS
Fone: (51) 3027-7000

SAC 0800 703 3444 – www.grupoa.com.br

É proibida a duplicação ou reprodução deste volume, no todo ou em parte, sob quaisquer formas ou por quaisquer meios (eletrônico, mecânico, gravação, fotocópia, distribuição na Web e outros), sem permissão expressa da Editora.

IMPRESSO NO BRASIL
PRINTED IN BRAZIL

Autores

Bruno Luiz Avelino Cardoso
Psicólogo. Supervisor da prática clínica e professor do Departamento de Psicologia e do Programa de Pós-graduação em Psicologia: Cognição e Comportamento da Universidade Federal de Minas Gerais. Formação em Terapia do Esquema pela Wainer Psicologia Cognitiva NYC Institute for Schema Therapy. Certificação como Terapeuta Cognitivo pela Federação Brasileira de Terapias Cognitivas (FBTC) e presidente da ATC-Minas (2023-2025). Treinamento em ensino e supervisão de terapia cognitivo-comportamental, terapia cognitivo-comportamental para casais e terapia cognitivo-comportamental afirmativa para pessoas LGBT pelo Beck Institute for Cognitive Behavior Therapy (Filadélfia, Estados Unidos). Especialista em Terapia Cognitivo-comportamental pelo Instituto WP (IWP/FACCAT) e em Sexualidade Humana pelo Child Behavior Institute of Miami. Mestre em Psicologia: Processos Clínicos e da Saúde pela Universidade Federal do Maranhão (UFMA), com estágio de pesquisa sobre violência e habilidades sociais na Universidade Federal de São Carlos (UFSCar). Doutor em Psicologia: Comportamento Social e Processos Cognitivos pela UFSCar, com período sanduíche na The Pennsylvania State University e apoio da Fundação de Amparo à Pesquisa do Estado de São Paulo (Fapesp). Fundador do Instituto de Teoria e Pesquisa em Psicoterapia Cognitivo-comportamental (ITPC). Autor, entre outros livros, de *Terapia do esquema para casais: base teórica e intervenção* (Artmed, 2019) e *Sua história de amor: um guia baseado na terapia do esquema para compreender seus relacionamentos e romper padrões destrutivos* (Artmed, 2022).
@brunolacardoso

Kelly Paim
Psicóloga. Professora e supervisora da prática clínica em diversos cursos de graduação e pós-graduação. Formação em Terapia do Esquema pela Wainer Psicologia Cognitiva NYC Institute for Schema Therapy. Certificação como Terapeuta do Esquema pela International Society for Schema Therapy (ISST) e membra da ISST. Especialista em Terapia Cognitivo-comportamental e em Psicoterapia de Casal e Família. Mestra em Psicologia Clínica pela Universidade do Vale do Rio dos Sinos (Unisinos). Fundadora e integrante da atual diretoria da Associação Brasileira de Terapia do Esquema (ABTE). Coautora do primeiro livro brasileiro sobre terapia do esquema (*Terapia cognitiva focada em esquemas: integração em psicoterapia*, Artmed, 2016) e dos livros *Terapia do esquema para casais: base teórica e intervenção* (Artmed, 2019) e *Sua história de amor: um guia baseado na terapia do esquema para compreender seus relacionamentos e romper padrões destrutivos* (Artmed, 2022). Mais de 15 anos de prática clínica e experiência em atendimentos individual, de casais e de famílias.
@terapiadoesquemaparacasais

Apresentação

Relacionamentos saudáveis oferecem aos parceiros uma sensação de segurança, intimidade, alegria, apoio emocional, bem como a capacidade de resolver problemas e reparar momentos de desconexão, além de um sentimento de pertencimento. A seleção cuidadosa de parceiros pode influenciar profundamente o crescimento pessoal e o bem-estar físico e emocional.

A terapia do esquema (TE) reconhece que um relacionamento íntimo saudável e adaptativo pode contribuir para a cura de feridas emocionais provenientes de necessidades emocionais não atendidas na infância. Essa abordagem terapêutica destaca a importância de abordar tais questões nos relacionamentos adultos, buscando estabelecer vínculos seguros e nutritivos emocionalmente.

O modelo rastreia escolhas românticas prejudiciais que levam a relacionamentos tóxicos, prejudicam a autoestima e, no pior dos casos, resultam em abuso emocional ou físico, reativando experiências precoces da infância (esquemas) e gerando angústia emocional significativa. Portanto, defende a necessidade de atenção cuidadosa à seleção consciente de parceiros, a partir de uma postura de adulto saudável.

Compreender as motivações por trás de escolhas românticas é um passo fundamental para cultivar relacionamentos saudáveis. O que impulsiona as pessoas em seus padrões de relacionamento típicos? Para responder a essa pergunta, a TE tem se envolvido ativamente em fornecer *insights* sobre tais motivações.

Em *Armadilhas da química amorosa*, Bruno Cardoso e Kelly Paim trazem uma contribuição valiosa e significativa para o campo da TE. Seu trabalho promove exatamente essa noção de autoconsciência, encorajando a autorreflexão sobre os padrões que levam a escolhas autossabotadoras. Os autores ilustram de maneira brilhante as qualidades necessárias para relacionamentos saudáveis e reparadores. Além disso, eles desenvolveram ferramentas inovadoras para a prática clínica no campo dos relacionamentos: o Inventário de Esquemas para Casais (IEC-Cardoso&Paim), abrangendo os 18 esquemas iniciais da TE, e a Escala da Química Esquemática em Relacionamentos Amorosos (EQERA-Cardoso&Paim), nas versões para solteiros e para casais.

Estou encantada e parabenizo Bruno e Kelly, agradecida por sua importante contribuição para o campo da TE. Tenho certeza de que este livro ajudará muitas pessoas em sua busca por relacionamentos afetivos, priorizando o cultivo de conexões saudáveis e amorosas. Recomendo este livro como um recurso essencial para sua biblioteca pessoal.

Wendy Behary
Fundadora e diretora clínica do Centro de Terapia Cognitiva de Nova Jersey.
Codiretora dos Institutos de Terapia do Esquema de NJ-NYC-DC, Estados Unidos.
Autora de *Desarmando o narcisista*

Prefácio

Relacionamentos íntimos têm papel importante na vida da maioria das pessoas. Pesquisas mostram que estar em um relacionamento saudável se correlaciona com maior expectativa de vida e com menos problemas somáticos ou mentais. Também indicam que pessoas que estão em relacionamentos saudáveis em geral são mais felizes do que as demais. No entanto, para muitos, parece ser muito difícil encontrar esse tipo de relacionamento. Muitos de nós podem ter percebido, olhando para trás, que o(a) parceiro(a) pelo(a) qual estavam profundamente apaixonados, na verdade, não era a combinação saudável que pensavam que fosse. Infelizmente, essa consciência em retrospectiva não garante automaticamente melhores escolhas em relacionamentos futuros.

Muitas vezes parece que o reconhecimento de um relacionamento pouco saudável só é possível olhando para trás. No início de uma nova relação, apenas sentimentos avassaladores e intensos de paixão são experimentados, aparentemente prejudicando um julgamento claro do relacionamento que está se desenvolvendo. Precisamente essa intensidade de sentimentos românticos pode ser um sinal de alerta, uma vez que sentimentos intensos muitas vezes resultam da ativação de antigas armadilhas amorosas.

Mas como fazer uma pessoa perceber essas armadilhas? Como auxiliar alguém a notar que a intensidade dos sentimentos românticos que experimenta pode ser, na verdade, um sinal de alerta em vez de algo bom? E como ajudar essa pessoa a escolher um(a) parceiro(a) saudável quando ela não pode confiar nos padrões que lhe são familiares em relação a sentimentos intensos de estar apaixonado(a)?

Este livro fornece uma resposta a essas perguntas. Ele consiste em três partes. Na primeira, os autores explicam como a atração e a ilusão fazem parte do que muitas vezes é chamado de "química nos relacionamentos". Na segunda parte, eles descrevem oito armadilhas amorosas que podem levar a relacionamentos não saudáveis. Na terceira e última parte do livro, os autores fornecem dicas e apresentam estratégias que podem ajudar o leitor a evitar essas antigas armadilhas e a construir relacionamentos saudáveis.

Este livro é prático e muito fácil de ler. Com muito prazer, o li de uma vez e achei uma delícia. Armadilhas amorosas e interações complicadas em relacionamentos são explicadas de maneira simples e acessível. A teoria é ilustrada com exemplos de casos claros. Além disso, os autores apresentam uma ampla gama de exercícios simples que permitem ao leitor criar consciência sobre seus próprios padrões e armadilhas nos relacionamentos. Esta é uma leitura essencial tanto para clientes quanto para profissionais!

Remco van der Wijngaart
Diretor/Proprietário do Instituto Holandês de Terapia do Esquema

Sumário

Apresentação   vii
Wendy Behary

Prefácio   ix
Remco van der Wijngaart

Introdução   1

PARTE I   DESVENDANDO A QUÍMICA AMOROSA

1   "Me falta química com essa pessoa"   5

2   Ilusão e atração   15

PARTE II   ARMADILHAS DA QUÍMICA AMOROSA

3   **Armadilha 1**: sentir-se atraído(a) por pessoas que não lhe fornecem a atenção e a validação de que você precisa   21

4   **Armadilha 2**: sentir-se atraído(a) por pessoas que o(a) diminuem e não lhe dão espaço para expressar seus sentimentos   25

5   **Armadilha 3**: sentir-se atraído(a) por pessoas instáveis e que não lhe trazem a segurança de que você precisa   29

6	**Armadilha 4**: sentir-se atraído(a) por pessoas que o(a) cobram muito e com quem você não pode se expressar livremente	33
7	**Armadilha 5**: iludir-se com os comportamentos do(a) parceiro(a) e manter-se em um relacionamento com sofrimento intenso	37
8	**Armadilha 6**: acreditar que você é o problema e que deve se sacrificar para manter o relacionamento	41
9	**Armadilha 7**: focar exclusivamente em características físicas e/ou desempenhos sexuais e deixar de lado suas necessidades emocionais	45
10	**Armadilha 8**: sentir-se atraído(a) por pessoas de quem você precisa cuidar	47

PARTE III DESARMANDO AS ARMADILHAS

11	Identificando suas necessidades e driblando a química em seu relacionamento	53
12	Abrindo-se para o novo e encerrando ciclos destrutivos	65
	Reflexões finais	71
	Referências	73

APÊNDICES

Apêndice 1. Inventário de Esquemas para Casais (IEC-Cardoso&Paim) — 77

Apêndice 2. Sintaxe para psicoterapeutas — 83

Apêndice 3. Ficha de correção – Inventário de Esquemas para Casais (IEC-Cardoso&Paim) — 85

Apêndice 4. Escala da Química Esquemática em Relacionamentos Amorosos (EQERA-Cardoso&Paim) – versão para solteiros — 89

Apêndice 5. Escala da Química Esquemática em
Relacionamentos Amorosos (EQERA-Cardoso&Paim) –
versão para pessoas em um relacionamento 93

Apêndice 6. Ficha de correção para as duas versões –
Escala da Química Esquemática em Relacionamentos
Amorosos (EQERA-Cardoso&Paim) 97

Apêndice 7. Como estão seus investimentos relacionais? 101

Introdução

A famosa "química" é um dos elementos que muitos de nós levam em conta ao conhecer alguém e considerá-lo(a) para um relacionamento. Para alguns, é tão definitiva que, sem ela, qualquer conexão se torna impossível. Mas será que podemos confiar na química amorosa para tomar decisões que nos aproximem de nossas necessidades emocionais? O que essa química reflete sobre nossa história e sobre as faltas que tivemos ao longo da vida?

Neste livro, conversamos com você a respeito de oito armadilhas comuns nas escolhas por potenciais relacionamentos românticos. Você compreenderá, ao longo da leitura, como essa química pode estar permeada por ilusões e tendências de repetição de padrões que trazem sofrimento emocional intenso.

A Parte I deste livro vai auxiliá-lo(a) a desvendar a química amorosa. Será possível entender como a ilusão e a atração podem ser componentes importantes das escolhas não saudáveis.

Na Parte II, abordamos as armadilhas da química amorosa propriamente ditas. Você perceberá como elas podem estar relacionadas a aspectos de sua história de vida e poderá refletir, por meio de diversos exercícios, a respeito das situações apresentadas.

Por fim, na Parte III, apresentamos dicas e estratégias para você desarmar as armadilhas da química amorosa. Fazer escolhas amorosas saudáveis que o(a) conectem com suas necessidades emocionais é essencial.

Ao longo do livro, há uma série de exercícios que poderão auxiliá-lo(a) nesse processo de autodescoberta. Além deles, apresentamos três questionários inéditos: o Inventário de Esquemas para Casais (IEC-Cardoso&Paim) e a Escala da Química Esquemática em Relacionamentos Amorosos (EQERA-Cardoso&Paim) – versão para solteiros e versão para pessoas em um relacionamento, para ajudá-lo(a) a identificar seus moldes internos (esquemas) e seu padrão de escolha amorosa. Eles estão acompanhados das instruções para correção, e você pode usar os resultados encontrados em seu processo psicoterápico.

Esperamos que você consiga fazer um grande mergulho de autoconhecimento nas páginas deste livro e que cada capítulo o(a) auxilie a desarmar as armadilhas e a buscar aquilo que você merece: relações saudáveis e conectadas com suas necessidades.

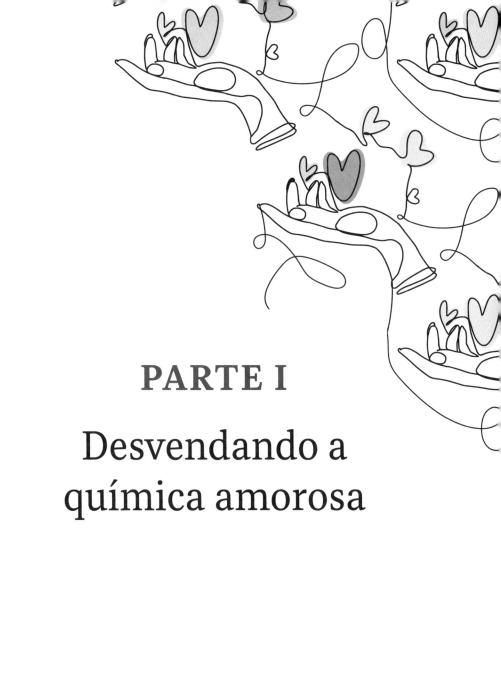

PARTE I

Desvendando a química amorosa

1

"Me falta química com essa pessoa"

"Nossa, ele(a) é muito pegajoso(a), isso não dá certo pra mim!", "Ele(a) me dá atenção, carinho, cuida de mim, mas não sei… falta alguma coisa nesse relacionamento!", "Não sei se nossa química bateu. Falta alguma adrenalina na relação". Você ou algum amigo já falou uma dessas frases? Já passou por uma situação semelhante, de estar em um relacionamento, ou na tentativa de uma relação, mas parecer que "falta química"? Já ficou com a sensação de que falta algo que "sintonize as frequências" dentro de você para que haja algum tipo de conexão com aquela pessoa?

Para muitos, a famosa "química" é um dos elementos usados para afirmar a existência de uma relação. Muitas vezes, as pessoas nem conseguem explicar o que seria essa química, mas se norteiam por ela para tomar suas decisões amorosas. Inicialmente, vamos distinguir aqui dois tipos de química que podem acontecer: uma química mais biológica e outra mais esquemática.

O primeiro tipo envolve aspectos fisiológicos e estruturais do funcionamento do ser humano. Tomemos como exemplo a liberação de endorfina e outros neurotransmissores – e até mesmo de feromônios – pelo seu corpo na presença de um(a) potencial parceiro(a), no intuito de transmitir mensagens mais direcionadas à atração para o encontro de possíveis parcerias sexuais.

No segundo tipo, foco deste livro, há uma química mais emocional e cognitiva – que não despreza os aspectos fisiológicos, mas que soma a eles características mais profundas de conexão ou desconexão emocional e de pensamentos mais imediatos em direção ao potencial alvo amoroso. Com isso, você pode se sentir conectado(a) ou não com determinada pessoa – a depender daquilo que você estruturou em seu mundo interno sobre o que era amor, afeto, cuidado, entre outras coisas.

Para algumas pessoas, estabelecer conexões – sejam elas apenas para sexo ou até mesmo para relacionamentos românticos mais duradouros – é ameaçador.

Isso se deve a experiências anteriores, quando a desconexão levou, desde cedo, ao afastamento daquilo de que elas precisavam enquanto seres humanos. Assim, é possível que alguém, mesmo precisando de amor, estabilidade e segurança, acredite que isso é demais para si e que não precisa disso. Afinal, durante toda a sua trajetória de vida, sobretudo em sua infância, essa pessoa esteve em um ambiente que lhe ensinou direta ou indiretamente que isso não era necessário.

Vejamos o exemplo de Cláudio. Quando criança, ele esteve em um ambiente frio e distante. Ele precisava de conexão com seus cuidadores, mas a forma que encontrou para se conectar foi se tornar igual ao seu ambiente. Hoje, Cláudio é mais distante e frio com suas parcerias. Além dessas características, ele também busca relações que são distantes e frias. Quando alguém demonstra afeto para Cláudio, isso o assusta. Não é algo que está acostumado a receber. Por isso, prontamente, diz para si mesmo: "Nossa, que pessoa pegajosa! Isso não é para mim! Não temos química!". Embora dentro de Cláudio exista uma criança que precisa de um abraço quentinho e amoroso, a barreira de gelo protege esse espaço, que ainda é muito doloroso para ele.

Outro exemplo pode ser visto com Stefany. Ela presenciou desde cedo a instabilidade nas relações de seus cuidadores. Além de momentos de violência, havia um senso de insegurança muito grande sobre ter alguém com quem ela realmente pudesse contar quando precisasse. Hoje, nos relacionamentos, sem perceber, busca relações que ativam essas mesmas sensações que já foram dolorosas para ela. Stefany não quer vivenciar situações inseguras e instáveis hoje em dia. Ela sofre com isso. Ela tenta seu melhor na busca de conexões, mas essas conexões falham constantemente, ativando a dor da pequena Stefany e fazendo com que ela tenha de se "derramar emocionalmente" na busca de contato, enquanto suas parcerias são instáveis e não seguras.

A química esquemática consiste na atração por relações que ativam nossas dores emocionais mais profundas e nos aproximam das situações que um dia já foram comuns para nós. Por serem situações "conhecidas", tendemos a nos adaptar a elas com mais facilidade. Isso não significa que tais situações trarão aquilo de que precisamos para nosso desenvolvimento emocional; significa apenas que elas são coerentes com o que já vivemos um dia. Uma pessoa que recebeu desprezo e rejeição na infância pode perceber como "comum" vivenciar situações assim em seus relacionamentos afetivos. Afinal, foi o que ela recebeu de pessoas muito significativas em sua vida: seus cuidadores, por exemplo.

Podemos nos acostumar a viver em situações insalubres emocionalmente, buscando coerência onde não conseguimos nos encaixar. O sofrimento é persistente e, quando achamos alguém que de fato nos oferece aquilo de que precisamos, pode ser muito estranho. Não estamos prontos e não sabemos lidar com isso. Não foi algo que recebemos. Então, não sabemos receber o afeto e a conexão de que precisamos.

Vamos fazer um exercício para refletir sobre suas escolhas amorosas?

BREVE EXERCÍCIO

Feche os olhos e tente trazer à mente a memória mais antiga que você tem sobre o cuidado que recebeu ou não quando criança. Onde você está? Quem está com você? O que está acontecendo na imagem? Do que você precisa nesta cena? Alguém está lhe oferecendo aquilo de que você precisa? O que você está sentindo neste momento? Agora, guarde essa sensação dentro de você e traga à mente uma memória mais recente de um relacionamento que você teve e que ativa uma emoção semelhante àquela que sentiu quando criança. Você não precisa forçar; pode deixar que essa memória venha espontaneamente…

    Onde você está? Com quem está? O que está sentindo? Do que precisa? Essa necessidade está sendo suprida atualmente? Guarde essa sensação. Agora, volte aos poucos para nossa leitura.

Como foi para você fazer este exercício?

_____
_____
_____
_____
_____

Você conseguiu identificar algumas de suas necessidades? Quais são elas?

_____
_____
_____
_____
_____

O que não foi suprido em sua história de vida e continua a não ser suprido atualmente?

_____
_____
_____
_____
_____

Você tem buscado relações em que essas necessidades estão sendo atendidas? Como?

_____
_____
_____
_____
_____
_____

Certas pessoas podem ter dificuldades para encontrar suas necessidades ao longo da vida. Para algumas, é como se não fosse válido tê-las. É como se precisassem sempre suprir a dos outros e ficar de lado quanto àquilo de que precisam. Fazer esse exercício pode ser um pontapé inicial para encontrar os padrões que mantemos durante a vida e que nos afastam de relações nutritivas emocionalmente.

É importante destacar que nem sempre conseguimos estar confortáveis com aquilo que de fato precisamos. Isso ocorre por todos os motivos que já falamos até agora. Por isso, uma dica de ouro é que temos de ter cuidado com nossas escolhas feitas com base nas "químicas". Por vezes, elas só nos aproximam de um lugar conhecido, mas que ativa muita dor emocional. Em alguns casos, também há uma tentativa de fantasiar situações para que se enquadrem naquilo que esperamos. Como um caleidoscópio de ilusões, esperamos que tudo se encaixe como mágica e acabamos caindo em armadilhas emocionais. Identificar nossos padrões de funcionamento e quais relações são saudáveis para nós é um dos principais passos para desarmar essas armadilhas.

IDENTIFIQUE SEUS PADRÕES INTERNOS DE FUNCIONAMENTO

Ao longo da vida, desenvolvemos moldes internos de funcionamento e acabamos os repetindo automaticamente nos relacionamentos e em outras áreas da vida. Tais moldes nos levam a padrões emocionais, cognitivos e comportamentais, trazendo uma previsibilidade sobre o que vamos viver nas relações.

PARA VOCÊ REFLETIR:

Quais são as principais emoções que você costuma sentir nos relacionamentos (raiva, irritação, insegurança, medo, vergonha, culpa, tristeza, ciúme, outra)?

_____
_____
_____
_____
_____

O que você costuma pensar sobre seus(suas) parceiros(as)?

_____
_____
_____
_____
_____

O que você costuma pensar sobre suas relações?

_____
_____
_____
_____
_____

Você percebeu padrões na forma de sentir e enxergar seus relacionamentos? São nossos moldes internos que nos levam a esses padrões e nos afastam de modelos mais saudáveis de relacionamento. Chamamos esses moldes de esquemas iniciais desadaptativos, ou simplesmente "esquemas". Existem 18 moldes que influenciam no distanciamento emocional de nossas necessidades. No **Quadro 1.1**, descrevemos esses esquemas e indicamos os padrões de escolha com base na química esquemática para cada esquema.

QUADRO 1.1 Esquemas, descrições básicas e padrões de escolhas baseados na química esquemática

Esquema	Descrição básica e padrões de escolhas baseados na química esquemática
Abandono	**Descrição:** crença de que será abandonado(a) e/ou trocado(a) por outra pessoa. **Padrão de escolha baseado na química esquemática:** Parceiro(a) instável emocionalmente. Parceiro(a) que não pode se comprometer, pois está envolvido(a) em outra relação. Parceiro(a) que não quer um relacionamento estável e insiste em liberdade. Parceiro(a) ambivalente em relação ao relacionamento.
Desconfiança e abuso	**Descrição:** crença de que as pessoas não são dignas de confiança e que podem abusar e/ou tirar vantagem de você a qualquer momento. **Padrão de escolha baseado na química esquemática:** Parceiro(a) abusivo(a) ou que não mereça confiança. Parceiro(a) explosivo(a) e desrespeitoso(a). Parceiro(a) que controla e é infiel.
Privação emocional	**Descrição:** sensação de vazio/vácuo emocional e de que suas necessidades não serão supridas e/ou que você não será compreendido(a) pelos outros. **Padrão de escolha baseado na química esquemática:** Parceiro(a) inibido(a) emocionalmente, que não consegue se conectar e/ou se expressar. Parceiro(a) autocentrado(a). Parceiro(a) invalidante que não demonstra (ou demonstra raramente) empatia e compreensão.
Defectividade/ vergonha	**Descrição:** sensação de desvalor e de que há algo em si que é defeituoso, indesejável, desagradável. **Padrão de escolha baseado na química esquemática:** Parceiro(a) crítico(a), rejeitador(a), exigente e abusivo(a). Parceiro(a) com dificuldade de expressar amor e valorização. Parceiro(a) arrogante e/ou extremamente preocupado(a) com a aparência.
Isolamento social	**Descrição:** crença de que se é fundamentalmente diferente do contexto no qual se está inserido(a), como se não "fizesse parte". **Padrão de escolha baseado na química esquemática:** Parceiro(a) com quem não tenha afinidades. Parceiro(a) crítico(a) em relação à adequação social. Parceiro(a) que também se isole muito socialmente.

(Continua)

QUADRO 1.1 Esquemas, descrições básicas e padrões de escolhas baseados na química esquemática (*Continuação*)

Esquema	Descrição básica e padrões de escolhas baseados na química esquemática
Dependência/ incompetência	**Descrição:** sensação de incapacidade para tomar decisões de forma autônoma e de que precisa de alguém para tomar decisões em seu lugar. **Padrão de escolha baseado na química esquemática:** Parceiro(a) controlador(a). Parceiro(a) superprotetor(a). Parceiro(a) que desencoraja a independência e a autonomia. Parceiro(a) crítico(a).
Vulnerabilidade ao dano	**Descrição:** crença de que alguma catástrofe (algo muito ruim) acontecerá e de que não há nada a ser feito. **Padrão de escolha baseado na química esquemática:** Parceiro(a) excessivamente preocupado(a) ou desconectado(a) com questões de saúde. Parceiro(a) que se envolve em comportamentos de risco com frequência. Parceiro(a) com problemas financeiros persistentes.
Emaranhamento	**Descrição:** sensação de que não há diferença entre o eu e o outro; existe uma fusão entre ideias, gostos e desejos das pessoas como se fossem uma só. **Padrão de escolha baseado na química esquemática:** Parceiro(a) que não tolera individualidade. Parceiro(a) que induz culpa quando percebe autonomia e individualidade. Parceiro(a) que exige dedicação e envolvimento total em seus problemas e questões pessoais.
Fracasso	**Descrição:** crença de que é uma falha e de que fracassará inevitavelmente em diversas áreas da vida. **Padrão de escolha baseado na química esquemática:** Parceiro(a) crítico(a) e exigente em relação ao seu desempenho profissional e de outras atividades de *performance*. Parceiro(a) que valoriza em excesso conquistas e *status*.
Arrogo/ grandiosidade	**Descrição:** crença de que é superior aos demais e que merece tratamentos e cuidados especiais. **Padrão de escolha baseado na química esquemática:** Parceiro(a) que o(a) idolatre. Parceiro(a) que se subjugue e se enxergue com menos valor. Parceiro(a) que também se coloca em uma posição de superioridade e ambos(as) se reforçam no sentido de superioridade.

(Continua)

QUADRO 1.1 Esquemas, descrições básicas e padrões de escolhas baseados na química esquemática (*Continuação*)

Esquema	Descrição básica e padrões de escolhas baseados na química esquemática
Autocontrole/ autodisciplina insuficientes	**Descrição:** sensação de dificuldade em perseverar em tarefas e/ou manter autocontrole das emoções diante das situações. **Padrão de escolha baseado na química esquemática:** Parceiro(a) que não consiga dar limites. Parceiro(a) que faz de tudo para agradar ou para não frustrar. Parceiro(a) que também tem dificuldade de manter o autocontrole e a autodisciplina.
Subjugação	**Descrição:** crença de que se deve fazer tudo pelo outro (inclusive se submeter a situações desconfortáveis) para não ser abandonado(a) e/ou sofrer alguma retaliação. **Padrão de escolha baseado na química esquemática:** Parceiro(a) dominante e autocentrado(a). Parceiro(a) que não ouve e não respeita as necessidades e vontades da outra pessoa. Parceiro(a) que só pensa em suas próprias decisões e interesses.
Autossacrifício	**Descrição:** crença de que se deve fazer tudo pela outra pessoa, pois isso é o certo a ser feito, negligenciando as próprias necessidades em detrimento às dos outros. **Padrão de escolha baseado na química esquemática:** Parceiro(a) que demanda atenção. Parceiro(a) de quem precisa cuidar e/ou por quem precisa assumir responsabilidades. Parceiro(a) que depende financeira e/ou emocionalmente.
Busca de aprovação e reconhecimento	**Descrição:** crença de que precisa de aprovação e/ou reconhecimento de outras pessoas para que seu valor seja reconhecido. **Padrão de escolha baseado na química esquemática:** Parceiro(a) que valoriza muito a aparência e o *status*. Parceiro(a) exigente e com dificuldade de oferecer amor incondicional.
Negativismo e pessimismo	**Descrição:** crença de que o pior irá acontecer; visão negativa e pessimista sobre o mundo. **Padrão de escolha baseado na química esquemática:** Parceiro(a) que reforça os padrões negativistas, com visão de mundo negativa. Parceiro(a) que não valoriza as conquistas e/ou o lado positivo das situações.

(Continua)

QUADRO 1.1 Esquemas, descrições básicas e padrões de escolhas baseados na química esquemática (*Continuação*)

Esquema	Descrição básica e padrões de escolhas baseados na química esquemática
Inibição emocional	**Descrição:** crença de que é desnecessário falar sobre emoções e/ou expressar as suas; bloqueio da expressão emocional. **Padrão de escolha baseado na química esquemática:** Parceiro(a) que também apresenta dificuldade de expressar emoções e sentimentos. Parceiro(a) crítico(a) e controlador(a). Parceiro(a) pouco espontâneo(a). Parceiro(a) invalidante.
Padrões inflexíveis	**Descrição:** sensação de não relaxamento e crenças de que as coisas devem ocorrer perfeitamente, sem muita flexibilidade. **Padrão de escolha baseado na química esquemática:** Parceiro(a) que se submete às exigências e ao controle. Parceiro(a) exigente e que também exija muito de si. Parceiro(a) perfeccionista e que também não consiga relaxar. Parceiro(a) que coloca o trabalho à frente da relação.
Postura punitiva	**Descrição:** crenças de que erros devem ser severamente punidos, sejam os próprios erros e/ou os dos outros. **Padrão de escolha baseado na química esquemática:** Parceiro(a) punitivo(a) e crítico(a). Parceiro(a) que também não tolera erros. Parceiro(a) que dá gelo e se afasta quando há erros. Parceiro(a) que faz chantagens emocionais diante de falhas.

Fonte: Com base em Paim e Cardoso (2022); Paim et al. (2020); Young et al. (2008).

PARA VOCÊ REFLETIR:

Com quais dos esquemas apresentados no Quadro 1.1 você se identifica?

_____
_____
_____
_____

Quais tipos de parceiros(as) acionariam suas dores emocionais?

_____
_____
_____
_____
_____

Qual forma de relacionamento seria potencialmente saudável para você?

_____
_____
_____
_____
_____

    No próximo capítulo, falaremos sobre dois elementos centrais na química esquemática: ilusão e atração. Por enquanto, você pode preencher o Inventário de Esquemas para Casais (IEC-Cardoso&Paim), no Apêndice 1, e saber um pouco mais sobre os moldes internos que as pessoas podem adquirir ao longo de suas vidas e que influenciam diretamente a dinâmica de suas relações amorosas. No Capítulo 12, você pode identificar quais tipos de relações seriam nutritivas emocionalmente para você.

2
Ilusão e atração

"No começo, ele não era assim... nós vivíamos muito bem um com o outro, até que, nos últimos anos, ele se tornou essa pessoa..." – disse Isabela, sobre sua relação com Rodrigo. "Quanto mais difícil, mais eu quero!" – disse Marcelo, ao falar sobre como se sente atraído.

Em ambos os relatos, podemos atentar para dois elementos que constituem a química esquemática: a ilusão quanto aos comportamentos da pessoa a quem dedicamos afeto e a atração por relações que são difíceis e que podem até mesmo alimentar a rejeição. Vários outros exemplos poderiam ser aplicados a esses dois elementos, como veremos nas armadilhas apresentadas ao longo de todo este livro e ao responder ao questionário do Apêndice 4. Mas, por agora, vamos conversar sobre essas questões em separado.

ILUSÃO

Quando estamos encantados amorosamente por alguém, muitos comportamentos podem se tornar imperceptíveis. Aquelas ações que, em geral, avaliamos como inadmissíveis e/ou até mesmo que caminham em direção oposta ao que valorizamos em um relacionamento podem ser profundamente fragilizadas, de modo que acabamos criando mecanismos para fazer com que algo se encaixe em nossos moldes internos. Falas como "Ah, mas ele(a) vai mudar ao longo do tempo. Estamos só no começo", "Não foi bem isso que ele(a) quis dizer/fazer...", "Ah, mas essa é só uma demonstração de amor" e "Ele(a) foi desse jeito na outra relação, mas não será assim comigo" enquadram-se no que podemos ver como ilusão.

A *ilusão* envolve um filtro mental que enquadra a pessoa escolhida em nossos próprios moldes internos, mesmo que para isso se acrescente ao outro uma série de expectativas irrealistas e idealizadas, que mais cedo ou mais tarde serão frustradas. Nesse processo, é possível que toda uma realidade sobre quem o outro é e sobre como ele funciona seja recortada a apenas um fragmento, de forma a fazer sentido para o indivíduo. A ilusão também costuma dar mais importância para o outro do que ele realmente tem, como se, inclusive, se dependesse dele para sobreviver.

Você já assistiu a algum espetáculo de mágica? Aqueles que aparecem em programas de televisão e/ou até mesmo em circos, teatros, etc.? Já notou como os truques aparecem de uma forma tão bem arquitetada que você nem consegue compreender de imediato o que aconteceu, pois a única coisa que "faz sentido", imediatamente, é que foi uma "mágica"? A ilusão, que está presente em muitos relacionamentos, é como se fosse esse *show* de mágica. Contudo, o responsável por arquitetar tudo isso é nosso cérebro, com base nas vivências que já tivemos ao longo de nossa vida.

Nosso cérebro busca se acomodar com as situações que sejam mais familiares e que façam sentido de alguma forma. Então, esperar que determinada pessoa mude, por meio de ilusão, e se encaixe naquilo que esperamos como relacionamento ideal, mesmo que a pessoa não demonstre progressos nesse sentido, é só uma das várias armadilhas em que podemos ser presos nas escolhas amorosas.

Vamos fazer um breve exercício para identificar a diferença entre realidade e ilusão?

BREVE EXERCÍCIO: REALIDADE *VERSUS* ILUSÃO

Sente-se em uma posição confortável em algum local onde você possa ver o céu. Agora, já sentado(a), comece a olhar atentamente para as nuvens passando. Como essas nuvens são? Quais formatos elas têm? O que você consegue ver nessas nuvens? Elas formam algum objeto ou animal para você? Em caso positivo, o que você está vendo? Como é este animal/objeto? Você consegue criar uma história com este animal/objeto? Como seria? O que você sente neste momento? Agora, guarde esse exercício internamente e volte sua atenção para nossa leitura.

Como foi para você fazer este exercício?

_____
_____
_____
_____
_____

O que você percebeu em seus sentidos?
_____
_____
_____
_____
_____
_____

O que é realidade e o que é fantasia/ilusão no exercício que acabamos de fazer?
_____
_____
_____
_____
_____
_____

Algumas pessoas podem ver animais, rostos, objetos e até lugares nas nuvens. As nuvens continuam sendo nuvens – essa é a realidade. O que se forma a partir das nuvens em sua mente é apenas uma imaginação/ilusão. A ilusão é uma forma de distorção da realidade. Assim como ela está presente em momentos de nosso cotidiano, ela também é uma presença nas escolhas amorosas que fazemos, principalmente quando dedicamos nossa atenção a pequenos comportamentos (ou até mesmo à ausência deles) como se fossem algo que não são.

ATRAÇÃO

O outro elemento da química esquemática é a *atração*. Como vimos no Capítulo 1, sentir-se atraído por situações que ativam nossas dores emocionais é característico dessa química. Essa atração envolve a busca, sem muito raciocínio, por aquelas situações que foram familiares para nós, desde muito cedo, sejam elas de suprimento ou escassez emocional. A atração funciona como um ímã que nos aproxima das parcerias amorosas.

Nem toda atração é baseada em aspectos negativos: você pode ser atraído(a) por relações que, de fato, serão fonte de conexão emocional de qualidade. Nesse tipo de atração positiva, você se sentirá pertencente, validado(a), amado(a), respeitado(a) e valorizado(a). Já na atração negativa, você se sentirá o oposto de tudo o que foi falado antes. Nesse caso, é como se o sofrimento, ao longo da relação, fosse a sensação mais presente. Você também pode chegar a se sentir incompleto(a) e perceber que não há espaço para ser você mesmo(a). Embora as pessoas, conscientemente, não queiram relações que lhes façam mal e/ou que lhes ativem suas dores mais profundas, sem muita consciência, elas buscam repetir padrões de modo a manter certa "coerência" com aquilo que já viveram em algum momento na vida. Para conhecer mais sobre os padrões de escolhas amorosas que você tende a fazer, responda à Escala da Química Esquemática em Relacionamentos Amorosos (EQERA-Cardoso&Paim), no Apêndice 4. Após, volte ao exercício a seguir.

PARA VOCÊ REFLETIR:

Quais são as características emocionais da(s) outra(s) pessoa(s) que mais o(a) atraem? Obs.: as características que mais o(a) atraem podem ser diferentes das que você espera que o(a) atraiam.

_____
_____
_____
_____

Você estaria aberto(a) a entrar em um relacionamento com alguém que, em um primeiro momento, não o(a) atraísse?

_____
_____
_____
_____

Muitas escolhas amorosas podem perpetuar um círculo vicioso de profunda escassez emocional. As armadilhas da química amorosa podem distanciá-lo(a) cada vez mais daquilo que você quer e precisa em um relacionamento. Nos próximos capítulos, vamos identificar algumas armadilhas e ajudá-lo(a) a pensar sobre elas. Nos capítulos finais, vamos lhe apresentar estratégias para desarmá-las e encontrar relações emocionalmente saudáveis.

PARTE II

Armadilhas da química amorosa

3

Armadilha 1: sentir-se atraído(a) por pessoas que não lhe fornecem a atenção e a validação de que você precisa

"Eu acho que sou muito carente... por isso, meu parceiro se afasta de mim" – esse foi o relato de Henrique ao falar sobre seu relacionamento com Hugo. Henrique tem em seu histórico a escolha por parceiros que não estão disponíveis emocionalmente para ele. Por vezes, ele acredita que a culpa é sua, pois se vê como carente.

Ao conhecer mais sobre a história de nosso personagem, Henrique, podemos ver as experiências de vida que ele teve com seus cuidadores. O pai era muito distante afetivamente e não lhe fornecia atenção e afeto. A mãe, embora presente, era muito crítica quanto a tudo que ele fazia. Durante sua história de vida, ele desenvolveu um esquema de abandono e defectividade/vergonha, como vimos no Capítulo 1. Henrique acredita, ainda hoje, que será abandonado em seus relacionamentos e que não há nada em si que seja atraente para que as pessoas queiram manter algo com ele. Quando encontra Hugo, alguém que demonstra algum tipo de interesse por ele, vê isso como uma forma de redenção. A atração aumenta, sobretudo quando a instabilidade da relação com Hugo aparece. Com medo de perdê-lo, Henrique apega-se profundamente à relação, e Hugo se afasta cada vez mais, retroalimentando um ciclo de insatisfação emocional e armando uma armadilha que se torna difícil de ser desarmada.

Ao imaginar a situação de Henrique, podemos compreender sua necessidade de atenção e validação e sua insegurança em estar em um relacionamento com Hugo. Ter necessidades emocionais não é errado. Como seres humanos, elas são fundamentais para nossa existência. Mas, infelizmente, ao longo da vida, podemos aprender a invalidá-las e a viver em escassez emocional. Isso é o que ocorre com Henrique. Não é sobre ser carente emocionalmente, mas sobre o que se precisa nas relações. Ele precisa de atenção, validação e segurança. Essas são necessidades válidas, mas isso ocorre com uma frequência muito baixa por parte de seu parceiro.

Por mais que ele se iluda na perspectiva de que Hugo lhe dá atenção de vez em quando e/ou até mesmo de que vai melhorar ao longo do tempo – que também são outras armadilhas da química esquemática –, a situação progride em sofrimento intenso para Henrique, fazendo com que ele seja afetado inclusive em sua autoestima. Por mais que Henrique ame seu parceiro, esse amor não é suficiente para manter uma relação que traz conexão emocional. Ele está preso em uma armadilha da química esquemática.

É comum que as pessoas, em alguns casos, ao passarem por situações semelhantes a essas, tenham uma expectativa idealizada quanto à melhoria da relação em longo prazo. Henrique aguardava receber a atenção de Hugo em algum momento, mesmo que Hugo não demonstrasse a segurança emocional de que Henrique precisava. Nesses momentos, há um filtro mental que não permite que as pessoas percebam os gatilhos emocionais que são acionados durante o período de conhecimento da outra pessoa.

Comportamentos que já aconteciam desde o início da relação não são notados, pois a pessoa está "vendada" amorosamente pela química esquemática. Por exemplo: desde o começo, Hugo já não respondia às mensagens de Henrique; quando estavam juntos, Hugo ficava mexendo no celular enquanto Henrique contava sobre seu dia; Hugo mudava de assunto nas conversas que Henrique queria continuar, entre outros. A atenção, a validação e o "ser escutado", que são necessidades de Henrique, não estavam sendo atendidos. No entanto, ainda assim Henrique tinha a esperança de que essa relação pudesse trazer aquilo de que ele precisava.

BREVE EXERCÍCIO

Você já se viu na mesma situação de Henrique? Como foi para você?

_____
_____
_____
_____
_____
_____

Em quais relações em sua vida (desde a infância) você sentiu que não tinha atenção e validação de suas necessidades?

_____
_____
_____
_____
_____
_____
_____

Se Henrique fosse seu amigo, que conselho você lhe daria?

_____
_____
_____
_____
_____
_____
_____

4

Armadilha 2: sentir-se atraído(a) por pessoas que o(a) diminuem e não lhe dão espaço para expressar seus sentimentos

"Amo muito meu parceiro, mas sinto que meus sentimentos não são escutados. É como se eu não fosse compreendida", "Parece que dou tudo de mim, mas não sou reconhecida, me sinto diminuída neste relacionamento" – essas foram falas de Estella ao contar sobre seu relacionamento com Leonardo. Eles estão juntos há algum tempo, mas a sensação de vazio é constante na relação. Além dessa sensação, Estella, por vezes, sente-se diminuída por seu parceiro naquilo que ela faz.

Estella tem esquema de privação emocional e sente que ninguém consegue entendê-la ou lhe dar carinho, afeto e empatia. A origem desse esquema em Estella é bem antiga. Desde a infância, ela viveu em um ambiente frio emocionalmente, onde não recebia afeto e cuidados. Essa experiência de frustrações emocionais repetidas trouxe a convicção para Estella de que não receberá aquilo de que precisa e de que nunca será entendida pelos outros. Seu relacionamento com Leonardo apenas confirma essa sentença. Ela não consegue se expressar e, quando o faz, é tolhida por seu parceiro.

Certo dia, ela contou-lhe sobre uma situação em seu ambiente laboral e ele respondeu – em tom de desdém – diminuindo o trabalho de Estella, como se aquilo que ela fizesse "não fosse nada demais". Com todas essas vivências, alguém poderia imaginar que "é só sair desse relacionamento!" – como se fosse uma decisão simples de ser tomada. Contudo, Estella nutre sentimentos por Leonardo. Esses sentimentos são profundos e reais para ela. Afinal, no começo, ela não percebia nenhum comportamento de Leonardo que pudesse ser "sinal vermelho" para esse relacionamento.

BREVE EXERCÍCIO

Em alguns casos, os "sinais vermelhos" aparecem, mas não são percebidos como tal pela pessoa. Imagine a seguinte situação: você foi acostumado(a) durante toda a sua vida com o fato de que beber água marrom era algo normal e natural.

Se alguém lhe oferecesse água incolor, o que você pensaria?

_____
_____
_____
_____

Quais seriam suas sensações ao beber água incolor e água marrom?

_____
_____
_____
_____

Pensando sobre esse exercício, talvez você pudesse achar estranho, como se não fosse algo correto beber água incolor, entre outras coisas. No caso de Estella, imagine que, durante toda a sua vida, ela foi "acostumada" com a frieza e a ausência de compreensão de seus cuidadores. Quando a frieza e a ausência de compreensão aparecem em seu relacionamento com Leonardo, no início, será que ela consegue perceber isso como algo que foge do "normal" das relações? Ou será que ela conseguiria ver isso apenas como o que realmente acontece/deve acontecer nos relacionamentos?

_____
_____
_____
_____

Com esse exercício, é possível ter uma pequena noção do quanto podemos estar acostumados com certos tipos de experiências que nem sempre trarão aquilo de que precisamos. Por um longo período, Estella acostumou-se a "beber água marrom". Embora beber água incolor seja o mais saudável – até onde sabemos cientificamente –, ela ainda não aprendeu a se acostumar com isso. Ela precisará se acostumar com novas formas de se relacionar e, principalmente, ter relações que lhe tragam compreensão, validação emocional e incentivo pessoal e profissional.

BREVE EXERCÍCIO

Você já se viu em uma relação semelhante à de Estella com Leonardo?
_____
_____
_____
_____

Como era/é esse relacionamento para você?
_____
_____
_____
_____
_____
_____

Em quais relações em sua vida (desde a infância) você se sentiu diminuído(a) e como se não tivesse espaço para se expressar?
_____
_____
_____
_____
_____
_____

Que conselho você daria para si mesmo(a) ao estar em uma relação semelhante a essa?
_____
_____
_____
_____
_____

Considerando o que já leu até aqui, que tipo de relação seria saudável para você?
_____
_____
_____
_____
_____

5

Armadilha 3: sentir-se atraído(a) por pessoas instáveis e que não lhe trazem a segurança de que você precisa

"Ele me procura nos fins de semana e parece que está tudo bem entre nós, mas durante a semana ele desaparece e me responde de forma muito distante e seca; fico insegura e me perguntando se ele vai voltar", "Depois de tanto tempo que estamos ficando, questionei-o sobre dar um passo maior na relação, estabelecermos algum compromisso e meta juntos. Ele ficou chateado com meu questionamento e disse que não estava preparado para isso" – essas foram falas de Andréa ao contar sobre seu relacionamento com Nando. Mesmo que já estejam ficando há bastante tempo, Andréa sente que Nando não está entregue ao relacionamento e que, a qualquer momento, vai se afastar de vez.

Andréa teve experiências de instabilidade nos vínculos familiares. Os pais dela sempre brigavam muito e, com isso, sua mãe ficava desesperada com um possível abandono por parte do marido. Ela lembra-se de que o pai saiu muitas vezes de casa, e, nessas ocasiões, a mãe inclusive ameaçava tirar a própria vida, o que gerava muito medo na menina, já que poderia perder o pai e a mãe. Ela cresceu sentindo um medo forte de perder as pessoas que lhe são importantes e acredita que, certamente, será abandonada ao se vincular a uma relação mais profunda. Andréa acredita que não vai suportar um abandono caso tenha uma relação estável e profunda, motivo pelo qual muitas vezes prefere ficar só. Entretanto, quando conhece alguém, todas as sensações de abandono vêm à tona.

Com suas experiências precoces de instabilidade das figuras parentais, Andréa desenvolveu um esquema de abandono, e, quando está em uma relação amorosa, a ideia de ser abandonada a absorve. Sua química esquemática age na direção de buscar relações com pessoas instáveis emocionalmente, que demonstram ambivalência sobre a relação, que estão envolvidas com outra relação ou que não querem se comprometer.

Uma vez que o esquema de abandono é ativado na relação, a experiência emocional pode progredir ao longo de um ciclo de medo, tristeza e raiva. Primeiro, ela tem um sentimento de medo e pânico, como se fosse uma criança pequena que não encontra a mãe. Depois, a tristeza profunda pela dor de estar sozinha, como se fosse ficar sozinha para sempre. Por último, pode viver a raiva do outro, principalmente no caso de a pessoa retornar. Esse ciclo é muito doloroso, mas também viciante para quem tem esquema de abandono e aprendeu a viver o amor dessa forma.

BREVE EXERCÍCIO

Você se identificou com o esquema de abandono de Andréa? Se sim, faça uma descrição do perfil de suas últimas escolhas amorosas, descrevendo as características e atitudes do(a) parceiro(a) que demonstraram instabilidade.

_____
_____
_____
_____
_____
_____
_____

Quais são as vivências familiares que lhe trouxeram sensação de insegurança e instabilidade no vínculo?

_____
_____
_____
_____
_____
_____
_____

Você já se envolveu com alguém mais estável? Como você se sentia? Qual foi sua atitude?

_____
_____
_____
_____
_____
_____
_____

Outro exemplo de instabilidade e ausência de segurança pode ser visto na relação de Márcia com Joelma. Márcia diz: "Não consigo relaxar quando estou com ela; parece que qualquer coisa que eu falar ou fizer pode gerar uma explosão de raiva e muitos xingamentos", "Sinto que não posso confiar, que a qualquer momento ela vai me trair novamente". A sensação de instabilidade a leva ao medo de traição e agressões.

Márcia, em sua família de origem, sofreu com as explosões de raiva do pai e de um irmão mais velho. Eles sempre a criticavam excessivamente e a deixavam com a sensação de culpa, como se merecesse todas as críticas e agressões. A mãe nunca a defendeu das agressões. Com isso, Márcia desenvolveu um esquema de desconfiança e abuso que a leva à sensação de que a pessoa que deveria amá-la e protegê-la irá machucá-la, abusar dela, humilhá-la, enganá-la, mentir para ela, manipulá-la ou se aproveitar dela de alguma forma.

A química esquemática leva à atração por parceiros(as) abusivos(as) ou que não merecem confiança, explosivos(as), descontrolados(as) e desrespeitosos(as). Provavelmente, tais parceiros(as) também já vivenciaram experiências de abuso em sua história. As relações guiadas pela química esquemática do esquema de desconfiança e abuso fazem a pessoa se manter em guarda, pois a qualquer momento poderá ser surpreendida por uma retaliação. Nesse tipo de esquema, parece que há uma regra implícita: "Não relaxe, não confie e não se mostre muito, pois isso pode acabar mal".

BREVE EXERCÍCIO

Você se identificou com a sensação de insegurança de Márcia? Se sim, descreva os medos e inseguranças que você sentiu nas últimas relações.

_____
_____
_____
_____
_____
_____

Quais de suas vivências familiares lhe trouxeram a sensação de perigo nas relações?

_____
_____
_____
_____
_____
_____

Você já se envolveu com alguém mais estável e respeitoso(a)? Como você se sentia? Qual foi sua atitude?

_____
_____
_____
_____
_____
_____

6

Armadilha 4: sentir-se atraído(a) por pessoas que o(a) cobram muito e com quem você não pode se expressar livremente

Paulo estava em uma festa de aniversário com Augusto, quando, ao tocar uma música, começou a dançar com os amigos. Augusto, vendo Paulo dançar, ficou chateado, afastou-se do parceiro e logo "fechou a cara". Ao voltarem para casa, Augusto discutiu com Paulo, dizendo: "Pra que fazer aquilo? Qual a necessidade de ficar dançando na frente dos outros?". Ao ouvir isso, Paulo relembrou os momentos em que foi reprimido durante sua infância por causa de sua sexualidade. Experienciar essa cobrança em seu relacionamento tem ativado muitas dores já conhecidas para Paulo.

Paulo e Augusto se conheceram em um aplicativo de relacionamento. Começaram a conversar e, desde cedo, ficou marcado o quanto Augusto era restrito com a demonstração plena de sua sexualidade. Ele preferia manter o relacionamento em sigilo e não demonstrar que estariam se relacionando, pois aquilo "seria demais para as pessoas".

Desde cedo, esse casal sofreu devido ao preconceito que ainda há na sociedade contra grupos sociais minoritários. As famílias de Paulo e Augusto eram muito punitivas e críticas. Eles cresceram nesse ambiente de invalidação, onde não puderam se expressar livremente, pois as expectativas de punição e rejeição eram bem-marcadas nesses espaços. Uma forma que Augusto adotou para se proteger foi inibir profundamente suas emoções e ter um autocontrole exagerado sobre seus comportamentos. Ele tem medo de qualquer coisa que possa revelá-lo como homem *gay*. Ao ver o parceiro dançando, ele acredita que aquilo é "muito feminino" e que não é algo correto.

Quanto a Paulo, ele também passou por esses momentos de inibição e rejeição, mas, quando decidiu se afirmar como homem *gay*, resolveu que a opinião preconceituosa das pessoas não o controlaria mais. Para Paulo, expressar-se é um ato de resistência e de afirmação, respeitando sua identidade.

A dinâmica dessa relação está marcada pela química esquemática quando todos os comportamentos que Paulo desempenha, e nos quais mostra sua espontaneidade, são tolhidos por Augusto. Não existe espaço para a expressão genuína e há uma cobrança constante para que Paulo mude seu jeito de ser. Por vezes, Paulo se isola, chora e pensa que ele é um erro, acreditando que o fato de ser quem é causa todos os problemas do relacionamento.

BREVE EXERCÍCIO

Você já se viu em uma situação semelhante à desse casal? Como foi?

_____
_____
_____
_____
_____
_____
_____
_____

Você consegue identificar o quanto o preconceito interfere na dinâmica de seu relacionamento?

_____
_____
_____
_____
_____
_____
_____
_____

Se você fosse escrever uma carta para a sociedade preconceituosa falando a respeito do que precisa, o que diria?

_____
_____
_____
_____
_____
_____
_____
_____

Viver em um contexto de invalidações constantes, em que você não pode se expressar livremente e no qual há cobranças constantes para que seja quem não é, traz muitos prejuízos para sua saúde mental. Então, acolher suas necessidades e respeitar quem você é são atitudes essenciais para que você se conecte consigo.

Vamos fazer um exercício para ajudá-lo(a) a conhecer e acolher sua criança?

BREVE EXERCÍCIO

Para começar, pegue uma foto sua de quando você era criança. Olhando atentamente para essa foto, responda às seguintes questões:

O que essa criança não recebeu e precisava receber para crescer espontaneamente?

_____
_____
_____
_____
_____
_____
_____

Se você estivesse com essa criança à sua frente agora, o que faria e falaria para ela?

_____
_____
_____
_____
_____
_____
_____

    Essa criança está aí dentro de você: acolha-a diariamente e dê a ela aquilo de que ela precisa. Não há nada de errado em deixá-la se expressar livremente. Busque relações em que sua criança possa ter espaço para ser quem ela é. Afirme-se!

7

Armadilha 5: iludir-se com os comportamentos do(a) parceiro(a) e manter-se em um relacionamento com sofrimento intenso

"Meu namorado costuma ficar furioso quando eu faço algo que o chateia, ele me xinga muito e termina comigo, mas depois se arrepende e volta a ser um namorado muito cuidador, um namorado perfeito", "Ele fica tão agressivo porque me ama, e ter alguém que me ame é uma chance única" – essas foram as sensações de Joana sobre seu relacionamento com Renato. Eles estão juntos há apenas um ano, mas, nesse período, já romperam diversas vezes devido à instabilidade emocional de Renato. Joana sofre bastante com os conflitos, mas sabe que ele a ama muito. Para ela, os comportamentos de Renato mostram o quanto ele a ama.

Joana sempre sofreu com as críticas da mãe e cresceu em uma família na qual sentia como se ninguém se importasse com ela. Ao observar a família de suas amigas, ela imaginava como seria ter uma família diferente, que a amasse. Em sua interpretação infantil, muitas vezes, Joana entendia que a culpa era sua por não receber o amor de seus pais e ficava elaborando formas de agradá-los para ver se a demonstração de amor ocorreria.

A necessidade de se sentir importante e amada não foi atendida na infância e na adolescência de Joana, o que gerou um vazio e uma vontade extrema de preenchê-lo. Nas relações adultas, ela também não consegue se sentir valorizada e digna de ser amada e costuma escolher parceiros distantes emocionalmente. A relação com Renato foi diferente: ele mostrou, desde o início, que a valorizava, mas ela também sentia que seus erros poderiam deixar o namorado muito magoado e raivoso, levando a agressões psicológicas, indução de culpa e punições.

Renato costuma culpabilizar Joana por suas explosões de raiva e ressalta que tudo que faz é porque a ama muito. Depois dos conflitos, ele se mostra muito prestativo, e ela sempre acredita que as coisas serão diferentes, que ele mudará e controlará mais seus impulsos agressivos. Joana decide continuar a relação por se sentir importante para Renato. Suas carências a levam a enxergar a relação com a ilusão de que os abusos emocionais são demonstração de amor.

Os dois já fizeram seis meses de terapia de casal com menos de um ano de relacionamento. Renato desistiu do processo psicoterápico, pois entendia que a terapia causava mais brigas. Joana enxerga as dificuldades da relação, mas não consegue terminar, pois seu esquema de defectividade a faz pensar que nunca mais será amada assim por outra pessoa.

BREVE EXERCÍCIO

Você já insistiu em uma relação em que sofria, mas mesmo assim acreditava que poderia mudar? Se sim, descreva os comportamentos do(a) seu(sua) parceiro(a) que o(a) magoavam.

_____
_____
_____
_____
_____
_____
_____

O que você costuma tolerar nas relações na expectativa de que o outro mude?

_____
_____
_____
_____
_____
_____
_____

> Tente refletir sobre os motivos que o(a) levaram a insistir tanto na relação. O que você acreditava que teria tido na relação e não teve?
>
> _____
> _____
> _____
> _____
> _____
> _____
> _____
> _____

Outro exemplo de ilusão pode ser visto na relação entre Rafael e Fred. Desde o início do relacionamento, eles conversaram e identificaram que um dos valores quanto ao contrato do relacionamento deles não era compatível. Rafael gostaria de ter uma relação monogâmica e exclusiva com Fred, mas Fred não pensa da mesma forma. Fred não se encaixa em uma estrutura de relação monogâmica e mencionou para Rafael que, no começo, até seria possível haver algo exclusivo entre eles, mas que, ao longo do relacionamento, o desejo e o interesse por outras pessoas estariam presentes e que isso não seria problema para ele, devido à sua visão de mundo sobre as relações. Não há um certo ou errado quanto aos seus contratos de relação. Cada casal e indivíduo saberá qual contrato de relação será mais compatível com seus valores. A questão nessa relação é que há uma divergência fundamental quanto ao que cada um precisa.

Por mais que Rafael imagine que Fred vai estar em uma relação monogâmica somente com ele, não é isso que já ouviu ou sabe a respeito do que acontecerá. Rafael tem esquema de privação emocional e abandono, e toda vez que Fred busca falar sobre o assunto de abrir o relacionamento, Rafael sente-se mal, como se estivesse sendo rejeitado e/ou fosse insuficiente para a relação entre os dois. A ilusão aqui tem sido um atributo bem significativo da química esquemática. A não ser que essa relação se alinhe quanto ao contrato relacional, ambos estarão em sofrimento persistente devido à divergência dos valores adotados.

BREVE EXERCÍCIO

Você já conversou e/ou conversa sobre o contrato (i.e., o que pode e o que não pode) na relação com seu(sua) parceiro(a)? Como você fez/faz isso?

_____
_____
_____
_____
_____
_____

Se você e seu(sua) parceiro(a) têm valores diferentes quanto à estrutura de sua relação, qual é a melhor forma de lidar com isso?

_____
_____
_____
_____
_____
_____

8

Armadilha 6: acreditar que você é o problema e que deve se sacrificar para manter o relacionamento

"Se eu não fizer nada errado, então ele não vai se incomodar e ficará comigo numa boa", "Eu já fiz coisas muito erradas e sou egoísta quando penso em mim" – ainda falando sobre as percepções de Joana quanto à sua relação com Renato, personagens do Capítulo 7. A postura crítica e indutora de culpa que o namorado usa diante de conflitos e de suas inseguranças faz Joana se sentir muito culpada e se enxergar como errada e má. Renato tem uma postura punitiva que acerta precisamente no esquema de defectividade de Joana e ela passa a se sacrificar para não deixá-lo incomodado ou frustrado.

Joana sempre sentiu culpa na relação com a mãe, pois acreditava que merecia todas as críticas que ela lhe fazia. Desde muito pequena, a mãe de Joana costumava xingar a filha por qualquer comportamento que saísse da linha, sem contar que era superexigente com ela e a cobrava como se já fosse adulta. Joana passou a fazer de tudo para agradar a mãe, mas isso nunca foi o suficiente. Ao ser mais espontânea e autêntica, ela sempre sofria um julgamento que doía muito mais do que uma palmada: "Eu percebia a desaprovação no olhar dela".

Além disso, Joana tinha uma irmã mais nova de quem precisava cuidar, pois a mãe sempre disse que o fardo de cuidar de duas filhas era muito pesado, já que o pai das meninas era dependente de álcool. Então, Joana sempre se envolvia muito com os problemas da família e se sentia muito culpada quando ia brincar com as amigas ou fazer outra coisa que não incluísse a irmã. Joana também se preocupava muito com a relação de seus pais e, quando criança, tentava fazer de tudo para que a mãe não se incomodasse com o pai, mas, com frequência, presenciava a mãe despejando as frustrações e a raiva que sentia na relação conjugal.

Além do esquema de defectividade, os esquemas de emaranhamento, subjugação e autossacrifício também foram desenvolvidos em Joana, levando-a a um senso de orientação ao outro que a impede de olhar para si e para o próprio bem-estar. Além disso, ela se envolve com as dificuldades dos outros como se fosse sua responsabilidade, o que gera muita culpa. Na relação com Renato, Joana sente também que, se fizer o que tem vontade e olhar para si, isso gerará muito sofrimento para o namorado, o que a deixará com muita culpa.

Escolher parceiros críticos, punitivos, superexigentes e indutores de culpa é comum na história de Joana. A química esquemática a leva para a sensação de ser errada, defeituosa, inútil e indigna de valor. Ela também acaba por se sacrificar e se sentir muito responsável pelas dificuldades do outro.

> **BREVE EXERCÍCIO**
>
> Você tende a ser muito crítico(a) consigo mesmo(a) quando está em uma relação? Por quais problemas da relação você tende a assumir a responsabilidade sozinho(a)?
>
> _____
> _____
> _____
> _____
> _____
> _____
> _____
>
> Por quais situações você costuma se sentir culpado(a) em suas relações?
>
> _____
> _____
> _____
> _____
> _____
> _____

Quais são os argumentos e as expressões de seu(sua) parceiro(a) que o(a) levam para uma experiência de culpa?

9

Armadilha 7: focar exclusivamente em características físicas e/ou desempenhos sexuais e deixar de lado suas necessidades emocionais

"Tivemos uma noite incrível! Nunca tinha transado com alguém como foi naquele dia!", "Que mulher incrível e atraente! Totalmente o 'meu tipo'!" – disse Roberval sobre sua noite de sexo com Fabiana. Eles não conversaram muito, nem chegaram a falar sobre assuntos que demonstrassem segurança de vínculo. Mas as características físicas de Fabiana foram definitivas para a atração de Roberval por esse relacionamento. A noite de sexo tinha sido muito boa para ele e foi naquilo que Roberval focou.

Além da insegurança no vínculo, Roberval tem esquema de defectividade/vergonha e busca de aprovação e reconhecimento. Estar com uma mulher tão bonita quanto Fabiana foi algo que ele imaginava que nunca iria ocorrer. Para ele, ninguém conseguiria vê-lo como atraente. Então, quando Fabiana aceita ter um encontro com ele e, logo após isso, eles têm uma noite de sexo intensa, Roberval interpretou que deveria lutar ao máximo para manter aquela relação. Além do sexo ter sido intenso, ele imaginava que estar com alguém como Fabiana traria uma "aprovação social" importante: "Meus amigos vão perceber que consegui namorar uma mulher muito bonita".

Com o passar do tempo, a conexão entre eles continuava frágil. Não tinham planos de vida em comum, os valores pareciam ser diferentes e as conversas eram superficiais. Contudo, quando eles se encontravam, havia uma relação sexual intensa – o que fazia com que todas as outras coisas fossem esquecidas e apenas aquele momento fosse enaltecido. A atração sexual forte, combinada com o foco em características físicas, eram parcelas que não traziam uma soma saudável para a relação. As necessidades de Roberval não estavam sendo atendidas.

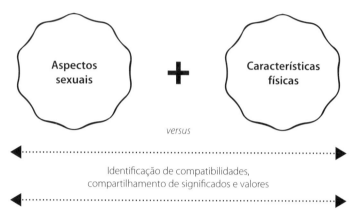

Figura 9.1 Escolhas amorosas baseadas em aspectos físicos e sexuais *versus* escolhas baseadas em valores.

Nessa busca por relações em que só os aspectos físicos e/ou desempenhos/características sexuais são valorizados, pode ocorrer uma desconexão profunda com a identificação de reais compatibilidades e compartilhamento de significados e valores (ver Figura 9.1). O sexo, em suas diversas roupagens, faz parte das relações saudáveis, mas não é o elemento único para uma relação nutritiva emocionalmente.

BREVE EXERCÍCIO

Você já caiu na mesma armadilha que Roberval? Se sim, como foi esse momento para você?

_____
_____
_____
_____

Caso já tenha caído nessa armadilha, o que você avalia que falta/faltava na relação como um todo?

_____
_____
_____
_____

10

Armadilha 8: sentir-se atraído(a) por pessoas de quem você precisa cuidar

"Sinto como se minha namorada precisasse de mim em seu dia a dia para viver e ficar bem", "Eu tenho vontade de ter momentos só para mim, mas me sinto culpada por saber que ela vai ficar chateada" – essas foram as sensações de Verônica sobre seu relacionamento com Flávia. O casal está junto há cinco anos, e Verônica sente como se Flávia só tivesse evoluído na vida por sua causa. Além disso, ela sente que a relação das duas só está dando certo porque sempre busca atender à namorada em suas demandas.

Verônica cresceu observando a mãe preocupada com a saúde de seu irmão mais velho. Ele tinha bronquite e asma quando criança e, na adolescência, teve depressão e envolveu-se com drogas. Verônica, além de preocupar-se com o irmão, também aprendeu a resolver seus próprios problemas sozinha, já que não queria dar mais preocupações para os pais. Por mais que soubesse que deveria cuidar do irmão, muitas vezes ela desejava ter uma vida mais leve e livre, pois, de tempos em tempos, tudo ficava tenso e pesado em sua casa.

Todo o foco familiar em cuidar do irmão levou Verônica a desenvolver um senso de orientação ao outro, de forma a entender que amar consistia em cuidar e se preocupar com o outro. Tal aprendizagem foi tão forte e enraizada que levou Verônica a relações que geram a mesma sensação de peso e demanda que ela sentia em sua família de origem. Agir na direção das necessidades do outro é a forma como ela aprendeu a se relacionar. Então sua química esquemática busca o "cheiro de casa" com pessoas com um funcionamento mais dependente.

As pessoas que costumam atrair Verônica em suas relações adultas são aquelas que se mostram frágeis ou que são exigentes em termos de cuidado e atenção. Flávia, sua atual namorada, é uma ótima pessoa, mas sofre com muitas inseguranças sociais e em relação ao seu desempenho.

Ela já teve, inclusive, alguns episódios depressivos. Com o passar do tempo na relação, Verônica começou a se sentir muito sobrecarregada, mas, da forma como aprendeu nas vivências familiares, sabe que precisa cuidar de Flávia, pois a namorada necessita de mais ajuda do que ela. O peso e a insatisfação dessa relação são sentidos por Verônica, mesmo que resista a admitir isso.

Os responsáveis por levar Verônica a reproduzir o funcionamento de orientação ao outro são os esquemas de subjugação, autossacrifício e busca de aprovação. Esses esquemas são formados a partir de um ambiente de aceitação condicional, com foco excessivo nos desejos, nos sentimentos e nas respostas dos outros, mesmo que isso custe suas próprias necessidades. O medo principal nesses esquemas é perder o amor e a conexão com o outro, havendo, também, o medo de sofrer alguma retaliação.

BREVE EXERCÍCIO

Você costuma se preocupar muito com o bem-estar do(a) seu(sua) parceiro(a)? Se sim, como costuma se sentir?

_____
_____
_____
_____
_____
_____

Quais de suas vivências familiares trouxeram a aprendizagem de que você precisa cuidar do outro?

_____
_____
_____
_____
_____
_____

Você costuma achar que os outros precisam mais de cuidado e atenção do que você? Descreva como isso faz você se sentir nas relações.

_____
_____
_____
_____
_____
_____
_____
_____

PARTE III

Desarmando as armadilhas

11

Identificando suas necessidades e driblando a química em seu relacionamento

Lidar com nossas dores emocionais não é fácil. Os esquemas que vimos no Capítulo 1 tendem a procurar situações às quais eles se encaixem. Dessa forma, grandes estudiosos da psicologia indicam que "as pessoas se sentem atraídas por eventos que ativam seus esquemas. [...] Paradoxalmente, elas recriam, quando adultas, as condições da infância que lhes foram mais prejudiciais" (Young et al., 2008, p. 23). Isso ocorre com todos os personagens que ilustramos nas armadilhas anteriores. Sem perceber, eles estão em situações que acionam neles algumas dores que lhes são bem conhecidas. Desarmar essas armadilhas envolve um processo de conexão emocional com suas próprias necessidades. A seguir, vamos dar algumas dicas para que você encontre relações que o(a) satisfaçam emocionalmente.

IDENTIFIQUE SUAS NECESSIDADES EMOCIONAIS

O barco deve saber onde vai navegar. Sem conhecer o trajeto nem ter um mapa para guiar, é possível que haja um naufrágio. Assim funciona com nossas escolhas amorosas. Se não conhecemos aquilo de que precisamos, tendemos a mergulhar em relações que nos desgastam emocionalmente.

Escolher relações saudáveis pode aproximá-lo(a) cada vez mais daquilo que você precisa. No entanto, sabemos que, por vezes, isso pode ser desafiador. Não é apenas "escolher o relacionamento saudável", mas o "estar e se sentir coerente em um relacionamento saudável".

Podemos falar em "sentir-se coerente em um relacionamento saudável", pois o exercício estará em identificar, profundamente, o que foi incoerente ao longo de sua vida no que diz respeito ao suprimento de suas necessidades emocionais. Por exemplo: muitas pessoas podem interpretar – sem muita consciência – a escassez emocional como coerente com aquilo que receberam por toda a vida. Assim, a pessoa, mesmo que, de certa forma, espere um desfecho diferente, tem a escassez emocional como base conhecida. Essa é uma ferida no processamento interno que está alinhada com os esquemas. Um dos passos iniciais é alinhar-se com suas reais necessidades e compreender que a escassez emocional não é coerente: ela é incoerente com um desenvolvimento emocional saudável.

> **BREVE EXERCÍCIO**
>
> *Checklist* das necessidades emocionais.
>
> Como seres humanos, temos necessidades emocionais básicas para nossa nutrição emocional e nosso desenvolvimento. A seguir, listamos algumas dessas necessidades, e você pode marcar aquelas que foram atendidas em sua infância e/ou adolescência:
>
> ( ) Eu tive vínculos seguros com meus(minhas) cuidadores(as), eles(as) me forneceram segurança e proteção.
>
> ( ) Eu sabia que poderia contar com meus(minhas) cuidadores(as) se eu precisasse.
>
> ( ) Eu tive um ambiente emocionalmente conectado, eu podia falar das minhas emoções e eu era acolhido(a) ao expressá-las.
>
> ( ) Eu fui aceito(a) por ser quem eu sou, pelos(as) meus(minhas) cuidadores(as).
>
> ( ) Eu recebi limites afetivos: nem sempre eu tinha o que queria.
>
> ( ) Eu tinha momentos de lazer, brincadeiras e espontaneidade com meus (minhas) cuidadores(as).
>
> ( ) Eu recebi instruções e orientações importantes quando precisava.
>
> ( ) Eu tinha minhas necessidades físicas (p. ex., alimentação, cuidados básicos) atendidas.
>
> ( ) Eu fui incentivado(a)/encorajado(a), de acordo com minha idade, a fazer coisas de forma autônoma e independente.
>
> ( ) Tive um ambiente que permitia que eu me visse diferente dos(as) meus(minhas) pais/mães.
>
> ( ) Eu sabia que não precisava fazer algo para ser amado(a), pois era amado(a) por ser quem eu era.
>
> ( ) Meus(minhas) cuidadores(as) dedicavam tempo de qualidade para mim.
>
> ( ) Quando errava, eu era corrigido(a) com afeto – sem violências.

Considerando as necessidades apresentadas no *checklist*, quais delas continuam não sendo atendidas em seus relacionamentos?

_____
_____
_____
_____
_____
_____
_____

O primeiro passo para desarmar as armadilhas é compreender suas necessidades: o que você de fato precisa e o que não recebeu durante sua vida. Você já deve ter notado que continuar buscando pelo mesmo padrão, infelizmente, não vai lhe dar aquilo que você merece e precisa. Sem perceber, podemos escolher relações insatisfatórias, procurando viver de uma forma diferente aquilo que já vivemos, como se fosse uma tentativa de mudar o que recebemos.

Afinal, não merecemos a desconexão. Mas repetir os padrões não trará nada diferente e apenas fará você sofrer novamente.

DRIBLE A QUÍMICA EM SEU RELACIONAMENTO

Nessa fase, encontramos, basicamente, dois cenários. No cenário 1, você ainda não está em um relacionamento e quer buscar relações mais saudáveis no futuro. No cenário 2, você já está em um relacionamento e quer que ele seja mais nutritivo emocionalmente. Vamos refletir sobre como driblar a química nesses dois cenários.

Cenário 1 – "Não estou em um relacionamento, mas quero relações saudáveis no futuro"

Identifique os gatilhos de ativação esquemática

É muito importante que você saiba quais experiências nos relacionamentos despertam suas sensações esquemáticas. Se for necessário, volte ao Quadro 1.1 (no Capítulo 1) e lembre-se de quais são as características das pessoas que mantêm seus esquemas. Pense nas características das pessoas que costumam fazê-lo(a) sentir sensações desconfortáveis e o(a) remetem às experiências dolorosas de seu passado, aquelas que foram responsáveis pela formação de seu(s) esquema(s). É importante que você pense em características do jeito de ser da pessoa, coisas que ela fazia, expressões faciais usuais, entre outras características. Esses serão os possíveis gatilhos ativadores de seus esquemas; portanto, fique atento(a) quando alguma pessoa despertar muitos gatilhos em você. É provável que ela seja alguém que lhe trará muito sofrimento, mesmo que aparentemente seja muito atraente para você.

BREVE EXERCÍCIO

Feche os olhos e imagine o último relacionamento que você teve e que foi baseado na química esquemática. Identifique a sensação que ele proporciona em seu corpo e deixe que algumas memórias venham naturalmente.

Como foi essa relação para você?
_____
_____
_____
_____

Quais são as características dessa pessoa que mais o(a) atraíam?
_____
_____
_____
_____

Quais são os gatilhos na relação que faziam você se sentir não atendido(a) emocionalmente?
_____
_____
_____
_____

O que você precisava receber nessa relação?

_____
_____
_____
_____

Agora, apague essas memórias e fique apenas com a sensação de suas necessidades emocionais – daquilo que você merecia ter recebido. Essas são as necessidades às quais você deve estar atento(a) quando estiver buscando um novo relacionamento.

Diferencie o presente do passado

Ao longo de sua leitura, você conseguiu entender a tendência humana de repetir padrões conhecidos e compreendeu que isso proporciona intensa atração por pessoas parecidas e que nos levam para as mesmas feridas emocionais. Entretanto, é muito importante que possamos tomar consciência e sair do piloto automático e, com isso, fazer escolhas diferentes.

Não deixe que a química o(a) leve para os padrões antigos. Faça o presente diferente do passado: agora você pode escolher. Permita-se viver relações que nutram suas carências emocionais e aceite que elas podem ser iniciadas sem tanta química. No passado, se você já esteve em um relacionamento baseado na química, já percebeu que houve escassez emocional escolhendo esses padrões. No presente, você deve estar atento(a) para não cair em repetições que perpetuem o sofrimento.

BREVE EXERCÍCIO

Lembre-se agora de uma possível pessoa que demonstrou interesse afetivo por você e que atendia às suas necessidades emocionais (p. ex., a pessoa lhe deu atenção, afeto, estava presente, etc.).

Como foi o contato com essa pessoa? O que você sentiu?

_____
_____
_____
_____

Caso você tenha descartado essa (possível) relação, o que o(a) motivou a não prosseguir?

_____
_____
_____
_____
_____

Entenda os comportamentos que alimentam a química

Em geral, fazemos uso de estratégias comportamentais para lidar com nossos esquemas. Tais estratégias costumam ser usadas para aliviar as emoções desconfortáveis desses esquemas, mas também podem ser sabotadoras e nos levar na direção da manutenção esquemática, ou seja, reforçar nossos esquemas e manter os padrões destrutivos.

Comportamentos evitativos podem alimentar a química quando, por exemplo, você evita seguir uma conversa com alguém que lhe pareceu muito atencioso e disponível quando você tem esquema de privação emocional. Outro exemplo seria quando você muda o rumo da conversa quando alguém o(a) está elogiando, pois isso contraria seu esquema de defectividade/vergonha. Muitos são os exemplos de comportamentos que podem levá-lo(a) a fugir de experiências novas e boas para você, mas que lhe trazem algum desconforto inicial.

Comportamentos resignados e que seguem a direção dos esquemas também nutrem a química esquemática e são sabotadores de sua satisfação emocional. Alguns exemplos de comportamentos resignados são escolher pessoas com características que reforcem seu esquema, não expressar suas necessidades emocionais, ou mesmo acreditar que não há mais jeito para você e que seu destino é "morrer sozinho(a)".

Da mesma forma, comportamentos hipercompensatórios podem alimentar a química. Na busca de suprimento emocional, as pessoas podem lutar para ter suas necessidades atendidas. A questão é que os comportamentos hipercompensatórios acabam por afastar mais as pessoas. Por exemplo, você tem um esquema de abandono e, devido a um não retorno de seu potencial alvo amoroso (que poderia estar em uma reunião), envia uma série de mensagens para saber o que aconteceu. Outro exemplo é quando você não gostou de algo que foi falado pelo(a) seu(sua) *crush* e, em vez de se comunicar de maneira assertiva, fala agressivamente ou escolhe a estratégia de dar gelo como forma de punir o comportamento dele(a).

Modifique a dinâmica que favorece a química

Agora que você entende os perigos da química intensa, ao identificá-la, tenha cautela e procure manter o foco em suas reais necessidades emocionais. Procure sempre ter em mente quais são as características das pessoas que podem atender às suas necessidades emocionais e siga nessa direção, não deixando que a química o(a) leve para escolhas irracionais.

Por mais forte que seja a química, se perceber que a relação também é fonte de prejuízo e sofrimento, lembre-se de que você pode escolher tomar outra direção. Mesmo que a química seja forte, ela diminui com o passar do tempo e com o afastamento.

Cenário 2 – "Estou em um relacionamento e acho que caí em uma das armadilhas da química"

Identifique os gatilhos de ativação esquemática

Caminhar juntos(as) na busca por uma relação de qualidade faz a diferença. Se você e seu(sua) parceiro(a) estão comprometidos(as) a fazer esse percurso, é bem provável que os resultados sejam mais positivos para ambos(as). Identificar os gatilhos de ativação na relação de vocês é um dos primeiros passos.

No exercício a seguir, você poderá pensar nos gatilhos de ativação e em como superá-los na relação.

BREVE EXERCÍCIO

Atualmente, o que ativa suas dores emocionais ao se relacionar com seu(sua) parceiro(a)?

_____
_____
_____
_____
_____
_____
_____

O que acontece no dia a dia da relação que vocês poderiam fazer diferente?

_____
_____
_____
_____
_____

Como vocês podem atender às necessidades emocionais um(a) do(a) outro(a)?

_____
_____
_____
_____
_____
_____

Um ponto importante para que vocês pensem juntos(as) é a forma como falam um(a) com o(a) outro(a). Às vezes, as pessoas, por já estarem tão esgotadas dos desafios que surgem na relação, acabam utilizando agressividade e hostilidade na comunicação com seus(suas) parceiros(as). Isso resulta em uma série de ruídos que dificultam cada vez mais a conexão. Os diálogos de conexão envolvem compreensão, validação e uma forma adequada de falar com a outra pessoa – cuidadosa e sem agressividade. Uma pergunta a fazer para si mesmo é: "Como eu escutaria isso que eu quero falar – caso eu estivesse do outro lado?".

Diferencie o presente do passado

As ativações esquemáticas geram a revivência de experiências emocionais do passado. Com memórias acionadas, um adulto volta a sentir-se criança outra vez. Além disso, emoções intensas, crenças e distorções nas avaliações também acontecem; assim, você vai enxergar a si mesmo, o outro e a relação de maneira que caiba em sua visão esquemática.

Diferenciar o que realmente é do presente e o que são memórias do passado é fundamental. É comum que as carências da infância façam com que adultos busquem viver na relação uma reparação total dos danos do passado, esquecendo-se de que o(a) parceiro(a) tem suas limitações. É importante esperar que o(a) parceiro(a) o(a) supra emocionalmente, mas também é importante enxergá-lo(a) como ele(a) é, sem criar expectativas irreais.

Entenda os comportamentos que alimentam a química

Ao nos sentirmos ameaçados em relação às necessidades emocionais, é comum que nossas defesas sejam utilizadas. Elas são manifestadas com comportamentos reativos, dominantes, evitativos, resignados, submissos ou outros, tendo como objetivo principal aliviar emoções desconfortáveis e diminuir o senso de vulnerabilidade. Embora os comportamentos defensivos tragam, inicialmente, uma sensação de alívio, seu uso constante alimenta a química esquemática, afasta o casal de suas necessidades emocionais e reforça os esquemas. Além disso, o uso de comportamentos defensivos de um(a) dos(as) parceiros(as) ativa os esquemas no(a) outro(a), gerando um ciclo de defesas. Quanto mais defesas os(as) parceiros(as) utilizarem, maior será o sofrimento experimentado pelo não suprimento emocional.

Grandes estudiosos no campo da terapia de casais (Gottman, 1999; Gottman et al., 2006; Gottman & Silver, 1999) têm indicado que, para cada comportamento negativo, são necessários pelo menos cinco comportamentos positivos. Nessa perspectiva, é como se a relação fosse uma conta bancária. Quanto mais você investir e acrescentar comportamentos positivos, mais nutridos(as) emocionalmente vocês estarão. Por sua vez, quanto mais saques você fizer (no sentido de apenas aparecerem os comportamentos negativos), mais "no vermelho" estará – levando a possíveis falências (responda ao Apêndice 6 para identificar como estão seus investimentos relacionais).

BREVE EXERCÍCIO

Quando você se sente emocionalmente vulnerável em sua relação, como costuma agir? Quais são seus comportamentos defensivos mais usados (p. ex., atacar, criticar, controlar, fugir, desconectar-se, fechar-se, aceitar, não contrariar, calar-se, outro)?

_____
_____
_____
_____

De que forma seu(sua) parceiro(a) costuma reagir ante seus comportamentos defensivos?

___

Modifique a dinâmica que favorece a química

Quando você tem o entendimento do que realmente precisa em uma relação, fica mais fácil ter condutas mais assertivas. Deixe seus comportamentos defensivos de lado (ataques, críticas, fugas, submissão, etc.) e aja de forma a obter da relação o que ela pode lhe oferecer de melhor. Diálogos de conexão envolvem tanto a clareza naquilo que você pretende expressar quanto a atenção no que é falado pela outra pessoa.

Algumas dicas para a comunicação saudável em seu relacionamento incluem o seguinte:

1. Expresse claramente aquilo de que você precisa para seu(sua) parceiro(a).
   - Por exemplo: em vez de falar: "Você nunca me dá atenção", use "Eu sinto falta de você e gosto quando estamos juntos(as)". O uso de "nunca" e "sempre" pode ser problemático nas relações. Evite-os, portanto.
2. Escute o que a outra pessoa está falando.
   - Escutar é diferente de "esperar sua vez para responder". Escutar envolve compreender o que é falado pela outra pessoa. Para isso, evite interrupções.
3. Cuidado com a disputa por "quem vence". Relacionamentos não são sobre vencer um ao outro, mas construir significado compartilhado.
4. Conheça o mundo interno do(a) seu(sua) parceiro(a).
   - Em todos os anos que vocês se conhecem, você já sabe de tudo sobre a história do(a) seu(sua) parceiro(a)? Como a história de vida dele(a) contribuiu para os medos e as vulnerabilidades que ele(a) tem hoje? Como você poderia acolhê-lo(a) na relação?

5. Esteja atento(a) às suas expressões faciais e comportamentais.
   - As pessoas se comunicam não apenas por palavras. Os comportamentos, os gestos e as expressões faciais também falam. A forma como nos comunicamos pode mostrar várias coisas, entre elas acolhimento, repulsa, desdém, etc.

BREVE EXERCÍCIO

Quais seriam os comportamentos mais assertivos e que o(a) levariam na direção de suas necessidades emocionais?

_____
_____
_____
_____
_____

Caso essas estratégias já tenham sido utilizadas e você ainda se encontre em sofrimento, abrir-se para o novo é o próximo passo dessa busca pelo suprimento emocional. É importante entender o momento de encerrar ciclos. Você merece ser feliz!

12

Abrindo-se para o novo e encerrando ciclos destrutivos

Sair de relacionamentos, por mais que eles nos façam mal, não é algo simples ou fácil. Há uma conexão por várias questões, como, por exemplo, os momentos bons que vocês viveram juntos(as); a companhia em ocasiões importantes, mesmo que inferior ao que você esperava; o sexo; o *status* social; entre outras. No entanto, como já vimos ao longo deste livro, essas questões não são suficientes, pois continuam lhe trazendo sofrimento e escassez emocional. Este pode ser o momento de permitir-se ter outros tipos de conexão e, enfim, romper os ciclos destrutivos. Isso não significa que você encontrará relações perfeitas e que não haverá problemas, mas que, dentro dos desafios, vocês saberão se conectar de forma saudável. Aqui, vamos ajudá-lo(a) com algumas dicas de como fazer isso.

ABRA-SE PARA O NOVO

Na tentativa de busca por relações conectadas com suas necessidades, há, como vimos ao longo deste livro, várias armadilhas. Por vezes, a atração imediata será por relações que lhe proporcionem a sensação de espaço conhecido. Contudo, já compreendemos que nem sempre os "espaços conhecidos" são aquilo de que precisamos. Alguns deles só alimentam nossas dores emocionais.

Persistir por um tempo em uma relação nova, mesmo que a "química" não seja muito forte inicialmente, pode ser uma alternativa importante. Afinal, já vimos que essa "química" tende a repetir padrões nada saudáveis para nós.

Obviamente, não vamos nos forçar a estar em relações, mas é importante aprender a ser amado. O crescimento em um ambiente de escassez emocional, em que o amor não foi presente ou não houve uma validação adequada de suas necessidades, pode trazer uma série de repetições de padrões desadaptativos ao longo da vida – que o(a) impedem de escolher o amor.

Muitas pessoas, por não saberem o que é o amor – pelo fato de não o terem experimentado em suas vidas –, podem buscar relações que acabam justamente as distanciando dele. Assim, ao receberem atenção, validação, cuidado, empatia e todas as camadas do amor, podem estranhar e até rejeitar esse amor. Abrir-se para o novo envolve exatamente isto: aprender e se acostumar a ser amado(a).

Para cada molde interno de funcionamento (esquemas), há relacionamentos que seriam potencialmente saudáveis, como mostra o Quadro 12.1. Ao longo deste livro, é possível que você tenha se identificado com algum personagem e/ou tenha reconhecido seus próprios esquemas; então, agora é o momento de encontrar a "cura" para esses esquemas. É importante destacar que, embora haja relações que podem lhe proporcionar experiências emocionais corretivas, ou seja, aquelas que o(a) trazem para mais perto da conexão consigo, esse também é um processo de autoconhecimento em que você pode acolher a si mesmo(a).

QUADRO 12.1 Esquemas e relacionamentos potencialmente saudáveis

Esquema	Relacionamentos potencialmente saudáveis
Abandono	Escolhas por parceiros(as) estáveis emocionalmente e que estejam motivados(as) a formar vínculos duradouros. Relações que geram segurança em sua consistência e durabilidade.
Desconfiança e abuso	Escolhas por parceiros(as) transparentes, confiáveis e estáveis. Relações que geram segurança quanto a respeito e fidelidade.
Privação emocional	Escolhas por parceiros(as) disponíveis emocional e fisicamente, que estejam por inteiro na relação. Relações com conexão emocional, empatia, apoio e cuidado entre as partes.
Defectividade/ vergonha	Escolhas por parceiros(as) afetuosos(as) e pouco críticos(as), que consigam viver um amor incondicional. Relações que geram segurança na sensação de ser amado(a) e valorizado(a) por quem se é.
Isolamento social	Escolhas por parceiros(as) que valorizem e elogiem seu jeito de ser. Relações que gerem um senso de pertencimento na conjugalidade e na interação com grupos sociais.
Dependência/ incompetência	Escolhas por parceiros(as) que consigam respeitar e estimular a autonomia. Relações que ajudem o indivíduo a se sentir capaz e enxergar seus atributos pessoais.

(Continua)

QUADRO 12.1 Esquemas e relacionamentos potencialmente saudáveis (*Continuação*)

Esquema	Relacionamentos potencialmente saudáveis
Vulnerabilidade ao dano	Escolhas por parceiros(as) que consigam enxergar sua força pessoal. Relações que ajudem a diminuir a ansiedade e a visão catastrófica sobre as coisas.
Emaranhamento	Escolhas por parceiros(as) que consigam respeitar a individualidade. Relações nas quais são mantidas, mesmo com a conjugalidade, suas ideias, vontades e escolhas pessoais.
Fracasso	Escolhas por parceiros(as) que consigam acreditar em seu potencial e vibrar com suas conquistas. Relações que valorizam o desempenho individual, em que os(as) parceiros(as) se elogiam e se admiram.
Arrogo / grandiosidade	Escolhas por parceiros(as) que consigam dar limites e protestar quando se sentirem violados(as) em seus direitos e necessidades. Relações afetuosas que não permitam abusos.
Autocontrole/ autodisciplina insuficientes	Escolhas por parceiros(as) que tratem você como um(a) adulto(a) responsável. Relações que mantenham uma igualdade de responsabilidades.
Subjugação	Escolhas por parceiros(as) que consigam escutar o que você tem a dizer e validar suas necessidades e seus desejos. Relações em que ambos(as) possam se expressar espontaneamente e nas quais você não precise se submeter para ser amado(a) ou por medo de ser abandonado(a) ou sofrer retaliação.
Autossacrifício	Escolhas por parceiros(as) que saibam oferecer apoio, cuidado e ajuda. Relações em que haja reciprocidade e apoio mútuo.
Busca de aprovação e reconhecimento	Escolhas por parceiros(as) que consigam amá-lo(a) pelo que você é e não pelo que você tenha ou faça. Relações que não foquem em aparência ou *status*.
Negativismo e pessimismo	Escolhas por parceiros(as) que consigam relaxar, aproveitar bons momentos e ter um olhar mais otimista sobre a vida. Relações positivas, leves e incentivadoras.
Inibição emocional	Escolhas por parceiros(as) que consigam validar e expressar emoções. Relações em que a expressão de emoções, desejos e impulsos seja permitida.

(Continua)

QUADRO 12.1 Esquemas e relacionamentos potencialmente saudáveis (*Continuação*)

Esquema	Relacionamentos potencialmente saudáveis
Padrões inflexíveis	Escolhas por parceiros(as) mais flexíveis, compassivos(as) e espontâneos(as). Relações em que seja possível vivenciar relaxamento, espontaneidade, humor e diversão.
Postura punitiva	Escolhas por parceiros(as) que consigam ser compassivos(as). Relações em que haja mais tolerância aos erros e às dificuldades do dia a dia.

Permita-se receber o atendimento de suas necessidades. Algumas pessoas, ao terem suas necessidades atendidas, podem imaginar que a outra pessoa está sendo "emocionada" – pois não estavam acostumadas a receber afeto, expressividade e validação, por exemplo. Pode ser estranho no começo, mas, em longo prazo, você se sentirá melhor e mais próximo(a) de seus valores, sem ciclos destrutivos infinitos.

ENCERRE OS CICLOS DESTRUTIVOS

Investir em melhorias em sua relação é fundamental, e buscar as mudanças necessárias dentro da dinâmica relacional é um ótimo caminho. Entretanto, se você entende que sua relação é pautada fundamentalmente pela química esquemática e todas as tentativas de melhorias foram frustradas, é saudável que pense na possibilidade de terminar a relação.

Mudanças geram inseguranças e medos; por isso, mesmo que uma relação esteja trazendo muito sofrimento e tenha entrado em um ciclo destrutivo, ainda assim o término pode ser difícil. A possibilidade de encerrar uma relação pode ativar seus esquemas: você pode, por exemplo, temer profundamente a solidão, o abandono, a incapacidade de viver sozinho(a), não ser amado(a) por mais ninguém ou outra sensação esquemática, mesmo que racionalmente saiba que o término é a melhor alternativa.

Outro sentimento que pode dificultar bastante o encerramento de ciclos destrutivos é a culpa, que está muito presente nos esquemas de subjugação, autossacrifício e emaranhamento, por exemplo. Nesse caso, mesmo que você precise fechar o ciclo e seguir em frente, muitos pensamentos exigentes, críticos e punitivos podem gerar a sensação de que deixar alguém é errado e que a outra pessoa não vai conseguir viver sem você. Tais pensamentos são sabotadores e geram culpa, dificultando um passo importante na direção de seu bem-estar e felicidade.

BREVE EXERCÍCIO

Reflita acerca do assunto e descreva quais são seus medos e inseguranças sobre encerrar uma relação que esteja lhe causando muito sofrimento.

_____
_____
_____
_____
_____
_____
_____

Identifique e liste os pensamentos que surgem em sua mente quando você decide encerrar um ciclo destrutivo e que o(a) levam a sentir culpa.

_____
_____
_____
_____
_____
_____
_____

Se você teve uma história de vida em que houve a necessidade de se preocupar muito com o outro (pessoas muito demandantes, doentes, dominantes ou controladoras), pode ter aprendido que o certo é sempre pensar no outro em primeiro lugar. Em um ambiente de orientação às necessidades dos outros, a criança entende que suas necessidades não são importantes e legítimas.

Se você se sente muito culpado(a) por terminar uma relação que não esteja boa para você, lembre-se de que todas as pessoas devem ter liberdade de escolha e direito de seguir em frente para buscar suas necessidades. Além disso, lembre-se de que o outro pode suportar frustrações e lidar com as próprias emoções. Se uma relação não está boa para uma pessoa, também não está boa para a outra.

> **BREVE EXERCÍCIO**
>
> Descreva os motivos pelos quais você merece seguir em frente e pensar em si.
>
> _____
> _____
> _____
> _____
> _____

Se você teve uma história de vida em que viveu traumas como abandono ou rejeição de pessoas importantes ou teve uma experiência de solidão, desamparo e isolamento social, pode temer viver essas experiências novamente, com todo o sofrimento que elas já lhe causaram. Um término de relacionamento, por mais destrutiva que a relação seja, pode reativar memórias infantis dolorosas, porém é importante que você se lembre de que essas memórias emocionais não podem guiar suas escolhas atuais.

> **BREVE EXERCÍCIO**
>
> Descreva os motivos pelos quais o encerramento de um ciclo atual será diferente das experiências que você viveu quando criança.
>
> _____
> _____
> _____
> _____
> _____

É importante que você se permita seguir em frente e sempre busque suas necessidades emocionais. Se uma mudança for necessária, lembre-se de que você tem direito de fazê-la.

Reflexões finais

Caminhar por novos percursos emocionais é um exercício contínuo. Durante a leitura deste livro, você deve ter percebido que há muitas armadilhas que tentam levá-lo(a) para lugares conhecidos, mas que não trazem aquilo de que você realmente precisa no que se refere às suas emoções. Embora essas armadilhas sejam danosas e tragam sofrimento, por vezes elas ficam imperceptíveis diante dos moldes internos (esquemas) que desenvolvemos.

A dinâmica entre a atração por relações que nos ativam dores e a ilusão de que seguir os mesmos caminhos trará resultados diferentes é um jogo que coloca uma venda em nossas escolhas amorosas. Se não rompermos esses padrões, acabaremos repetindo as sensações de desconexão e invalidação já conhecidas.

Não é sua culpa ter vivido períodos de não suprimento emocional. Você merecia ter sido amado(a) e ter tido suas necessidades básicas atendidas. Infelizmente, as vivências contrárias acionaram armadilhas que precisam ser desarmadas em sua vida para que você viva conectado(a) com suas emoções e valores pessoais.

Sabemos que conversar sobre isso pode ser um gatilho para muitas memórias difíceis de lidar em sua vida. Saiba que você não está sozinho(a). Também o(a) incentivamos a seguir esse processo de autodescoberta e rompimento de ciclos destrutivos acompanhado(a) por profissionais especializados. Psicólogos e/ou psiquiatras poderão ajudá-lo(a) a passar por esses momentos com técnicas aprofundadas para lidar com suas emoções.

Por fim, deixamos nosso carinho para você. Você é forte e conseguiu passar por muitas coisas ao longo de sua vida. Agradecemos por nos acompanhar nesta leitura até aqui e queremos finalizar este livro com esta mensagem: Você merece ser feliz e ter suas necessidades validadas e acolhidas!

Referências

Gottman, J. (1999). *The marriage clinic: A scientifically based marital therapy*. W.W. Norton.

Gottman, J., Schwartz Gottman, J., & DeClaire, J. (2006). *10 lessons to transform your marriage*. Crown.

Gottman, J., & Silver, J. (1999). *The seven principles for making marriage work: A practical guide from the country's foremost relationship expert*. Three Rivers.

Paim, K., & Cardoso, B. L. A. (2022). *Sua história de amor: Um guia baseado na terapia do esquema para compreender seus relacionamentos e romper padrões destrutivos*. Artmed.

Paim, K., Cardoso, B. L. A., Algarves, C. P., & Behary, W. (2020). Bases teóricas e aplicação da terapia do esquema para casais. In B. L. A. Cardoso, & K. Paim (Orgs.). *Terapias cognitivo-comportamentais para casais e famílias: Bases teóricas, pesquisas e intervenções* (pp. 71-92). Sinopsys.

Young, J. E., Klosko, J. S., & Weishaar, M. E. (2008). *Terapia do esquema: guia de técnicas cognitivo-comportamentais inovadoras*. Artmed.

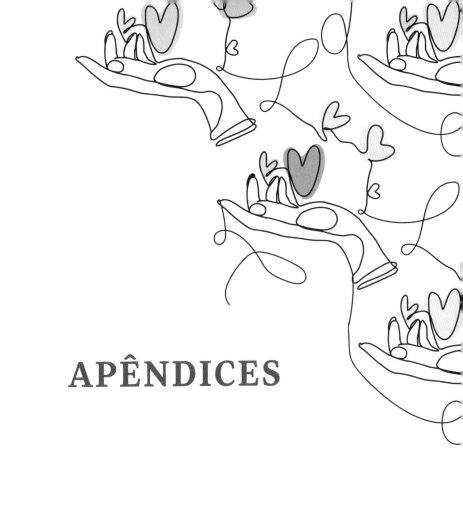

APÊNDICES

Apêndice 1

Inventário de Esquemas para Casais (IEC-Cardoso&Paim)[1]

Nome:	Data de nascimento: _____/_____/_____
Escolaridade:	Ocupação:
Identidade de gênero: ( ) Homem Cis ( ) Homem Trans ( ) Mulher Cis ( ) Mulher Trans ( ) Outra, especificar: _____	
Orientação sexual: ( ) Assexual ( ) Bissexual ( ) Heterossexual ( ) Homossexual ( ) Pansexual ( ) Outra, especificar: _____	
Autodeclaração étnico-racial: ( ) Amarelo ( ) Branco ( ) Indígena ( ) Preto ( ) Pardo ( ) Outra, especificar: _____	
Contrato do relacionamento: ( ) monogâmico ( ) não monogâmico, especificar: _____	
Moram juntos(as): ( ) Sim ( ) Não	Tempo de relacionamento:
E-mail:	Data de aplicação: _____/_____/_____

INSTRUÇÕES

Nas descrições a seguir, são apresentadas algumas sentenças relacionadas ao que você sente e pensa em seu relacionamento amoroso. Por favor, leia cuidadosamente cada afirmativa e identifique o quão bem ela descreve aquilo que você está experienciando em sua relação. Caso não tenha certeza em algum momento, baseie sua resposta em suas sensações, e não no que você gostaria que fosse verdade.

---

[1] Estudos de validação e testagens deste instrumento estão sendo realizados pelo Laboratório do Dr. Bruno Luiz Avelino Cardoso. Para obter mais informações, contate: brunolacardoso@gmail.com ou @brunolacardoso. Os instrumentos aqui apresentados são de propriedade exclusiva dos autores deste livro, sendo que é proibida a reprodução e/ou tradução deste instrumento sem a autorização prévia dos autores.

Apêndice 1

Legenda:
0. Completamente falso sobre o que sinto ou penso no meu relacionamento
1. Em grande parte, falso sobre o que sinto ou penso no meu relacionamento
2. Moderadamente verdadeiro sobre o que sinto ou penso no meu relacionamento
3. Em grande parte, verdadeiro sobre o que sinto ou penso no meu relacionamento
4. Descreve perfeitamente o que sinto ou penso no meu relacionamento.

1.	Sinto que em meu relacionamento não sou compreendido(a)	0	1	2	3	4
2.	Sinto que a qualquer momento posso ser abandonado(a) pelo(a) meu(minha) parceiro(a)	0	1	2	3	4
3.	Sinto que não posso confiar no(a) meu(minha) parceiro(a)	0	1	2	3	4
4.	Sinto vergonha de demonstrar quem eu realmente sou, no meu relacionamento	0	1	2	3	4
5.	Meu(minha) parceiro(a) e eu somos muito isolados(as) socialmente	0	1	2	3	4
6.	Não sou capaz de tomar decisões sem a ajuda, apoio ou conselho do(a) meu(minha) parceiro(a)	0	1	2	3	4
7.	Sinto que não serei bom(boa) o suficiente para meu(minha) parceiro(a)	0	1	2	3	4
8.	Sinto que meu(minha) parceiro(a) e eu costumamos nos envolver muito com os problemas um(a) do(a) outro(a)	0	1	2	3	4
9.	Sinto que acontecimentos muito ruins podem acontecer comigo ou com meu(minha) parceiro(a)	0	1	2	3	4
10.	Costumo ficar muito incomodado(a) quando não tenho o que quero do(a) meu(minha) parceiro(a)	0	1	2	3	4
11.	A rotina conjugal me deixa entediado(a)	0	1	2	3	4
12.	Deixo meu(minha) parceiro(a) fazer tudo do jeito dele(a) para que não haja conflito em nossa relação	0	1	2	3	4
13.	Só me sinto satisfeito(a) se meu(minha) parceiro(a) está atendido(a) em suas vontades	0	1	2	3	4
14.	Sinto que preciso do reconhecimento e valorização do(a) meu(minha) parceiro(a) em tudo que eu faço	0	1	2	3	4
15.	Quando meu(minha) parceiro(a) fica muito feliz e empolgado(a) com algo, sinto que preciso alertá-lo(a) sobre o que pode dar errado	0	1	2	3	4

(Continua)

(Continuação)

16.	Acredito que as pessoas supervalorizam a ideia de expressar emoções em um relacionamento	0	1	2	3	4
17.	Busco sempre o meu melhor e exijo isso do(a) meu(minha) parceiro(a)	0	1	2	3	4
18.	Erros são inadmissíveis em um relacionamento	0	1	2	3	4
19.	Sinto um vazio emocional ao me relacionar com meu(minha) parceiro(a)	0	1	2	3	4
20.	Quando meu(minha) parceiro(a) não me responde, sinto que estou perdendo a minha importância para ele(a) e que meu relacionamento está em risco	0	1	2	3	4
21.	Meu(minha) parceiro(a) pode tirar vantagem de mim a qualquer momento	0	1	2	3	4
22.	Meu(minha) parceiro(a) está enganado sobre mim, ele(a) ainda vai perceber o quão defeituoso(a) eu sou	0	1	2	3	4
23.	Meu(minha) parceiro(a) não me inclui em seus grupos sociais e familiares e, quando sou incluído(a) por ele(a), sinto que não faço parte	0	1	2	3	4
24.	Me sinto muito inseguro(a) para lidar com problemas sem a assistência do meu(minha) parceiro(a)	0	1	2	3	4
25.	Sinto que meu(minha) parceiro(a) se decepciona com o meu desempenho na vida pessoal e profissional	0	1	2	3	4
26.	Sinto como se fôssemos uma só pessoa	0	1	2	3	4
27.	Preciso da proteção constante do(a) meu(minha) companheiro(a)	0	1	2	3	4
28.	Acredito que eu não tenho que renunciar a nada pela relação	0	1	2	3	4
29.	Sinto que não consigo controlar minhas emoções e acabo perdendo o controle com meu(minha) parceiro(a)	0	1	2	3	4
30.	Sinto que preciso ceder ao que meu(minha) parceiro(a) quer, para ele(a) não ficar zangado(a) comigo	0	1	2	3	4
31.	Acredito que eu dedico tanto ao(à) meu(minha) parceiro(a) que acabo não tendo tempo para mim	0	1	2	3	4
32.	Se meu(minha) parceiro(a) não me dá muita atenção, sinto que sou menos importante	0	1	2	3	4

(Continua)

(Continuação)

33.	Acredito que algo pode dar muito errado em nosso relacionamento	0	1	2	3	4
34.	Há coisas mais importantes do que falar sobre o que eu sinto na relação	0	1	2	3	4
35.	Me sinto muito decepcionado(a) quando meu(minha) parceiro(a) não faz o melhor que poderia fazer	0	1	2	3	4
36.	Se meu(minha) parceiro(a) errar na relação, ele(a) deve ser punido(a) por isso	0	1	2	3	4
37.	Sinto que não posso contar com meu(minha) parceiro(a), que não sou amparado(a) e protegido(a) quando preciso	0	1	2	3	4
38.	Estar distante do(a) meu(minha) parceiro(a) desperta um sentimento profundo de ansiedade em mim	0	1	2	3	4
39.	Sinto que não posso baixar a guarda com meu(minha) parceiro(a), senão posso ser machucado(a)	0	1	2	3	4
40.	Acredito que não mereço o amor e admiração do(a) meu(minha) parceiro(a)	0	1	2	3	4
41.	Mesmo tendo algo em comum, ainda assim me sinto profundamente diferente do meu parceiro(a)	0	1	2	3	4
42.	Acredito que não conseguiria sobreviver sem meu(minha) parceiro(a) para me ajudar	0	1	2	3	4
43.	Sinto que meu(minha) parceiro(a) é muito mais competente do que eu em suas realizações	0	1	2	3	4
44.	Acho muito difícil manter uma distância em relação ao(à) meu(minha) parceiro(a)	0	1	2	3	4
45.	A qualquer momento, uma catástrofe pode acontecer em nosso relacionamento	0	1	2	3	4
46.	Sinto raiva quando as necessidades do(a) meu(minha) parceiro(a) ficam acima das minhas	0	1	2	3	4
47.	Sinto que tenho dificuldades de manter os acordos que fazemos em nossa relação	0	1	2	3	4
48.	Tenho dificuldades de saber o que eu quero do(a) meu(minha) parceiro(a)	0	1	2	3	4
49.	Sinto que posso suportar qualquer coisa por amor	0	1	2	3	4
50.	Preciso que meu(minha) parceiro(a) me ache sempre atraente	0	1	2	3	4

(Continua)

(Continuação)

51.	Se as coisas estão indo muito bem no relacionamento, devo me preocupar, pois há algo de errado	0	1	2	3	4
52.	Acho desnecessário falar sobre minhas preferências sexuais para meu(minha) parceiro(a)	0	1	2	3	4
53.	A relação não pode atrapalhar a nossa produtividade	0	1	2	3	4
54.	Acredito que "dar gelo" é uma forma de fazer meu(minha) parceiro(a) perceber suas atitudes	0	1	2	3	4
55.	Sinto que não receberei afeto, conforto e suporte suficiente do(a) meu(minha) parceiro(a)	0	1	2	3	4
56.	Sinto que a minha relação é instável	0	1	2	3	4
57.	Em algum momento da minha relação trairei meu(minha) parceiro(a)	0	1	2	3	4
58.	Tenho dificuldades de entender como meu(minha) parceiro(a) pode me amar	0	1	2	3	4
59.	Não gosto quando meu(minha) parceiro(a) quer socializar com outras pessoas, sinto que não nos encaixamos nos grupos	0	1	2	3	4
60.	Acredito que eu dependo dos cuidados do(a) meu(minha) parceiro(a)	0	1	2	3	4
61.	Sinto que falho o tempo todo no relacionamento	0	1	2	3	4
62.	Me sinto culpado(a) se não compartilho algum acontecimento da minha vida com meu(minha) parceiro(a)	0	1	2	3	4
63.	Tenho medo de sermos acometidos(as) por alguma doença grave	0	1	2	3	4
64.	Acredito que, sem mim, meu(minha) parceiro(a) não seria ninguém	0	1	2	3	4
65.	Se marcamos algo em determinado horário, não é preciso que seja naquele horário, sempre há tolerância	0	1	2	3	4
66.	No meu relacionamento, eu sinto que dou mais do que recebo	0	1	2	3	4
67.	Meu(minha) parceiro(a) não precisa fazer nada por mim	0	1	2	3	4
68.	Acredito que a aprovação do(a) meu(minha) parceiro(a) é a coisa mais importante para mim	0	1	2	3	4
69.	Sinto que devo me esforçar ao máximo para que o pior não aconteça com nosso relacionamento	0	1	2	3	4
70.	Acredito que um relacionamento não é lugar para brincadeiras	0	1	2	3	4

(Continua)

(Continuação)

71.	As nossas tarefas domésticas precisam ser perfeitamente organizadas	0	1	2	3	4
72.	Se eu errar com meu(minha) parceiro(a), mereço sofrer severamente as consequências disso	0	1	2	3	4
73.	Me sinto distante do(a) meu(minha) parceiro(a), mesmo quando estamos juntos(as)	0	1	2	3	4
74.	O medo de ser abandonado(a) me leva a sufocar meu(minha) parceiro(a)	0	1	2	3	4
75.	Controlo meu(minha) parceiro(a) para não ser controlado(a)	0	1	2	3	4
76.	Não me solto emocionalmente ou sexualmente na relação, pois me sentirei inadequado(a)	0	1	2	3	4
77.	Meu(minha) parceiro(a) me acha muito isolado(a) socialmente	0	1	2	3	4
78.	Acredito que não posso confiar na minha capacidade de tomar boas decisões sobre nosso relacionamento	0	1	2	3	4
79.	Nunca vou corresponder aos padrões do(a) meu(minha) parceiro(a)	0	1	2	3	4
80.	Não consigo ter uma opinião diferente da do(a) meu(minha) parceiro(a)	0	1	2	3	4
81.	Mesmo com todos os cuidados de saúde, sinto que posso pegar alguma doença do(a) meu(minha) parceiro(a)	0	1	2	3	4
82.	Acredito que sou o(a) superior no meu relacionamento	0	1	2	3	4
83.	Acredito que sou muito impulsivo(a) com meu(minha) parceiro(a)	0	1	2	3	4
84.	Me sinto culpado(a) se tenho minhas vontades atendidas	0	1	2	3	4
85.	Eu sou a pessoa responsável por manter essa relação saudável	0	1	2	3	4
86.	Se meu(minha) parceiro(a) não concorda com alguma ideia minha, me sinto muito mal	0	1	2	3	4
87.	Tenho medo de que algum erro meu nos leve a uma falência financeira	0	1	2	3	4
88.	Se estou passando por alguma situação difícil, não há necessidade de compartilhar isso com meu(minha) parceiro(a)	0	1	2	3	4
89.	Sinto que não consigo relaxar em nosso relacionamento	0	1	2	3	4
90.	Devo criticar meu(minha) parceiro(a) por aquilo que ele(a) faz de errado	0	1	2	3	4

Apêndice 2

Sintaxe para psicoterapeutas

DOMÍNIOS ESQUEMÁTICOS, ESQUEMAS E ITENS

Domínios esquemáticos	Esquemas e itens
Desconexão e rejeição	Privação emocional: 1, 19, 37, 55, 73 Abandono: 2, 20, 38, 56, 74 Desconfiança e abuso: 3, 21, 39, 57, 75 Defectividade/vergonha: 4, 22, 40, 58, 76 Isolamento social: 5, 23, 41, 59, 77
Autonomia e desempenho prejudicados	Dependência/incompetência: 6, 24, 42, 60, 78 Fracasso: 7, 25, 43, 61, 79 Emaranhamento/*self* subdesenvolvido: 8, 26, 44, 62, 80 Vulnerabilidade ao dano/doença: 9, 27, 45, 63, 81
Limites prejudicados	Arrogo/grandiosidade: 10, 28, 46, 64, 82 Autocontrole/autodisciplina insuficientes: 11, 29, 47, 65, 83
Direcionamento para o outro	Subjugação: 12, 30, 48, 66, 84 Autossacrifício: 13, 31, 49, 67, 85 Busca de aprovação e reconhecimento: 14, 32, 50, 68, 86
Supervigilância/inibição	Negativismo e pessimismo: 15, 33, 51, 69, 87 Inibição emocional: 16, 34, 52, 70, 88 Padrões inflexíveis: 17, 35, 53, 71, 89 Postura punitiva: 18, 36, 54, 72, 90

Apêndice 3

Ficha de correção – Inventário de Esquemas para Casais (IEC-Cardoso&Paim)

Nome:	Data:

INSTRUÇÕES PARA CORREÇÃO:

- Em cada item do inventário, você atribuiu um número como sua resposta. Insira esses números, referentes a cada questão, na ficha a seguir. Por exemplo: se na questão 1 você marcou o número 4, insira na aba correspondente "Privação emocional" 1 = 4, e assim sucessivamente.
- Ao inserir todos os números, faça a soma de cada conjunto e escreva na aba "Total" o valor que foi obtido. Por exemplo: "Privação emocional" = respostas aos itens 1 + 19 + 37 + 55 + 73 = total.
- Após somar o total, divida o valor obtido por 5. Por exemplo, para "Privação emocional": some o valor obtido em 1 + valor obtido em 19 + valor obtido em 37 + valor obtido em 55 + valor obtido em 73 ÷ 5 = média.
- Veja a interpretação ao final da ficha de correção e lembre-se: os resultados encontrados aqui não podem ser analisados isoladamente. Para melhor compreensão deles, busque auxílio profissional de um psicólogo ou psiquiatra.

Apêndice 3

Privação emocional	1	19	37	55	73	Total	Média
Abandono	2	20	38	56	74	Total	Média
Desconfiança e abuso	3	21	39	57	75	Total	Média
Defectividade/vergonha	4	22	40	58	76	Total	Média
Isolamento social	5	23	41	59	77	Total	Média
Dependência/incompetência	6	24	42	60	78	Total	Média
Fracasso	7	25	43	61	79	Total	Média
Emaranhamento	8	26	44	62	80	Total	Média
Vulnerabilidade ao dano/doença	9	27	45	63	81	Total	Média
Arrogo/grandiosidade	10	28	46	64	82	Total	Média
Autocontrole/autodisciplina insuficientes	11	29	47	65	83	Total	Média
Subjugação	12	30	48	66	84	Total	Média
Autossacrifício	13	31	49	67	85	Total	Média
Busca de aprovação e reconhecimento	14	32	50	68	86	Total	Média

(Continua)

(Continuação)

Negativismo e pessimismo	15	33	51	69	87	Total	Média
Inibição emocional	16	34	52	70	88	Total	Média
Padrões inflexíveis	17	35	53	71	89	Total	Média
Postura punitiva	18	36	54	72	90	Total	Média

INTERPRETAÇÃO DOS RESULTADOS:

- Pontuações entre 0,0 e 1,8 mostram baixa ativação dos esquemas apresentados.
- Pontuações entre 1,9 e 2,9 mostram moderada ativação dos esquemas apresentados.
- Pontuações entre 3,0 e 4,0 mostram alta ativação dos esquemas apresentados.
- Para compreender melhor o que são esses esquemas, ver os Quadros 1.1 e 12.1 com a explicação sobre cada um e sobre o que cada esquema precisa para ser "curado" em uma relação amorosa.

Apêndice 4

Escala da Química Esquemática em Relacionamentos Amorosos (EQERA-Cardoso&Paim) – versão para solteiros[1]

Nome:	Data de nascimento: ____/____/____
Escolaridade:	Ocupação:
Identidade de gênero: ( ) Homem Cis ( ) Homem Trans ( ) Mulher Cis ( ) Mulher Trans ( ) Outra, especificar: _____	
Orientação sexual: ( ) Assexual ( ) Bissexual ( ) Heterossexual ( ) Homossexual ( ) Pansexual ( ) Outra, especificar: _____	
Autodeclaração étnico-racial: ( ) Amarelo ( ) Branco ( ) Indígena ( ) Preto ( ) Pardo ( ) Outra, especificar: _____	
E-mail:	Data de aplicação: ____/____/____

INSTRUÇÕES

Nas descrições a seguir, são apresentadas algumas sentenças relacionadas às suas escolhas por relacionamentos amorosos. Por favor, leia cuidadosamente cada afirmativa e identifique o quão bem ela descreve suas últimas escolhas afetivas, considerando, principalmente, aquilo que você sente que geralmente ocorre, e não como gostaria que fosse.

---

[1] Estudos de validação e testagens deste instrumento estão sendo realizados pelo Laboratório do Dr. Bruno Luiz Avelino Cardoso. Para obter mais informações, contate: brunolacardoso@gmail.com ou @brunolacardoso. Os instrumentos aqui apresentados são de propriedade exclusiva dos autores deste livro, sendo que é proibida a reprodução e/ou tradução deste instrumento sem a autorização prévia dos autores.

Legenda:
0. Completamente falso sobre minhas escolhas amorosas
1. Em grande parte, falso sobre minhas escolhas amorosas
2. Moderadamente verdadeiro sobre minhas escolhas amorosas
3. Em grande parte, verdadeiro sobre minhas escolhas amorosas
4. Descreve perfeitamente minhas escolhas amorosas

As minhas escolhas geralmente são:

1.	Pessoas que não estão disponíveis para mim	0	1	2	3	4
2.	Relações em que espero ter conexão emocional, mas nas quais me sinto bloqueado(a) emocionalmente da vida da pessoa	0	1	2	3	4
3.	Pessoas que me diminuem e/ou atacam minha autoestima	0	1	2	3	4
4.	Pessoas que não dão a atenção de que preciso	0	1	2	3	4
5.	Pessoas que não dão o afeto de que preciso	0	1	2	3	4
6.	Pessoas que me fazem sentir como se eu tivesse mais valor por estar com elas	0	1	2	3	4
7.	Pessoas pelas quais tenho muita atração sexual, mas cujas outras qualidades não consigo ver	0	1	2	3	4
8.	Pessoas que me fazem sentir em uma montanha-russa emocional	0	1	2	3	4
9.	Relações em que os problemas se resolvem com sexo	0	1	2	3	4
10.	Pessoas que me fazem sentir como se eu dependesse delas para viver ou ser feliz	0	1	2	3	4
11.	Pessoas que me despertam muita insegurança	0	1	2	3	4
12.	Relações que acionam memórias muito dolorosas em mim	0	1	2	3	4
13.	Pessoas que parecem ser a minha salvação	0	1	2	3	4
14.	Pessoas que despertam o meu pior lado	0	1	2	3	4
15.	Pessoas as quais acredito que sejam a única forma de validar a minha existência	0	1	2	3	4
16.	Pessoas que despertam em mim sensações muito boas e muito ruins ao mesmo tempo	0	1	2	3	4
17.	Relações em que meu valor precisa ser provado a todo momento	0	1	2	3	4

(Continua)

(Continuação)

18.	Pessoas que me fazem acreditar que sou dependente delas	0	1	2	3	4
19.	Pessoas que me despertam muito ciúme	0	1	2	3	4
20.	Pessoas que me despertam muito medo	0	1	2	3	4
21.	Pessoas que não me apoiam	0	1	2	3	4
22.	Relações nas quais espero que a outra pessoa me forneça além do que ela pode	0	1	2	3	4
23.	Pessoas por quem eu fui/sou perdidamente apaixonado(a)	0	1	2	3	4
24.	Pessoas que me deixam desesperado(a)	0	1	2	3	4
25.	Pessoas que, desde o primeiro momento, são muito atraentes para mim	0	1	2	3	4
26.	Pessoas que se tornam, de forma muito rápida, extremamente importantes para mim	0	1	2	3	4
27.	Relações que eu tentei terminar muitas vezes e não consegui	0	1	2	3	4
28.	Relações que me fizeram sentir como uma criança aflita	0	1	2	3	4
29.	Relações que me fizeram sentir como uma criança zangada/raivosa	0	1	2	3	4
30.	Pessoas por quem eu tive muitas expectativas boas, mas que me decepcionavam constantemente	0	1	2	3	4
31.	Relações instáveis em que terminávamos e voltávamos constantemente	0	1	2	3	4
32.	Pessoas que me faziam mudar completamente, como se eu tivesse que ser outra pessoa	0	1	2	3	4
33.	Relações em que eu tinha que ser muito cuidadoso(a) com o que eu tinha para falar	0	1	2	3	4
34.	Relações as quais espero que serão formas de comprovar socialmente o meu valor	0	1	2	3	4
35.	Relações em que me atraio pelo grau de dificuldade que terei para conquistar a pessoa	0	1	2	3	4
36.	Pessoas nas quais não posso confiar	0	1	2	3	4
37.	Pessoas que acredito que conseguirei mudar com o tempo	0	1	2	3	4
38.	Relações intensas, em que vamos do 0 a 100 muito rápido	0	1	2	3	4

(Continua)

(Continuação)

39.	Relações em que o sexo é intenso e faz com que eu deixe os problemas de lado	0	1	2	3	4
40.	Pessoas com quem inicialmente a relação parece perfeita, mas que, com o passar do tempo, me fazem sentir desamparado(a)	0	1	2	3	4
41.	Pessoas que me cobram excessivamente	0	1	2	3	4
42.	Pessoas por quem preciso assumir função de cuidado	0	1	2	3	4

Apêndice 5

Escala da Química Esquemática em Relacionamentos Amorosos (EQERA-Cardoso&Paim) – versão para pessoas em um relacionamento[1]

Nome:	Data de nascimento: ____/____/_____
Escolaridade:	Ocupação:
Identidade de gênero: ( ) Homem Cis ( ) Homem Trans ( ) Mulher Cis ( ) Mulher Trans ( ) Outra, especificar: _____	
Orientação sexual: ( ) Assexual ( ) Bissexual ( ) Heterossexual ( ) Homossexual ( ) Pansexual ( ) Outra, especificar: _____	
Autodeclaração étnico-racial: ( ) Amarelo ( ) Branco ( ) Indígena ( ) Preto ( ) Pardo ( ) Outra, especificar: _____	
Contrato do relacionamento: ( ) monogâmico ( ) não monogâmico, especificar: _____	**Tempo de relacionamento:**
E-mail:	**Data de aplicação:** ____/____/_____

INSTRUÇÕES

Nas descrições a seguir, são apresentadas algumas sentenças relacionadas à sua escolha amorosa. Por favor, leia cuidadosamente cada afirmativa e identifique o quão bem ela descreve a sua escolha afetiva por este relacionamento, considerando, principalmente, aquilo que você sente que geralmente ocorre, e não como gostaria que fosse.

---

[1] Estudos de validação e testagens deste instrumento estão sendo realizados pelo Laboratório do Dr. Bruno Luiz Avelino Cardoso. Para obter mais informações, contate: brunolacardoso@gmail.com ou @brunolacardoso. Os instrumentos aqui apresentados são de propriedade exclusiva dos autores deste livro, sendo que é proibida a reprodução e/ou tradução deste instrumento sem a autorização prévia dos autores.

Legenda:
0. Completamente falso sobre minhas escolhas amorosas
1. Em grande parte, falso sobre minhas escolhas amorosas
2. Moderadamente verdadeiro sobre minhas escolhas amorosas
3. Em grande parte, verdadeiro sobre minhas escolhas amorosas
4. Descreve perfeitamente minhas escolhas amorosas

No meu relacionamento atual, eu sinto que...

1.	Minha parceria não está disponível para mim	0	1	2	3	4
2.	Eu busco por conexão emocional, mas me sinto bloqueado(a) emocionalmente da vida da minha parceria	0	1	2	3	4
3.	Sou diminuído(a) e/ou atacado(a) em minha autoestima	0	1	2	3	4
4.	Minha parceria não fornece a atenção de que eu preciso	0	1	2	3	4
5.	Minha parceria não fornece o afeto de que eu preciso	0	1	2	3	4
6.	Minha parceria faz com que eu sinta como se eu tivesse mais valor por estar com ela	0	1	2	3	4
7.	Tenho muita atração sexual, mas não consigo ver outras qualidades na relação	0	1	2	3	4
8.	Minha parceria faz com que eu me sinta em uma montanha-russa emocional	0	1	2	3	4
9.	Os problemas se resolvem com sexo	0	1	2	3	4
10.	Minha parceria faz com que eu sinta como se eu dependesse dela para viver ou ser feliz	0	1	2	3	4
11.	Minha parceria desperta muita insegurança em mim	0	1	2	3	4
12.	Minha parceria aciona memórias muito dolorosas em mim	0	1	2	3	4
13.	Minha parceria parece ser a minha salvação	0	1	2	3	4
14.	Minha parceria desperta o meu pior lado	0	1	2	3	4
15.	Minha parceria é a única forma de validar a minha existência	0	1	2	3	4
16.	Minha parceria desperta em mim sensações muito boas e muito ruins ao mesmo tempo	0	1	2	3	4

(Continua)

(Continuação)

17.	Meu valor precisa ser provado a todo momento na relação	0	1	2	3	4
18.	Minha parceria me faz acreditar que sou dependente dela	0	1	2	3	4
19.	Minha parceria me desperta muito ciúme	0	1	2	3	4
20.	Minha parceria me desperta muito medo	0	1	2	3	4
21.	Minha parceria não me apoia	0	1	2	3	4
22.	Espero que minha parceria me forneça além do que ela pode	0	1	2	3	4
23.	Eu fui/sou perdidamente apaixonado(a) pela minha parceria	0	1	2	3	4
24.	Minha parceria me deixa desesperado(a)	0	1	2	3	4
25.	Minha parceria, desde o primeiro momento, foi muito atraente para mim	0	1	2	3	4
26.	Minha parceria se tornou, de forma muito rápida, extremamente importante para mim	0	1	2	3	4
27.	Tentei terminar muitas vezes e não consegui	0	1	2	3	4
28.	Minha parceria me faz sentir como uma criança aflita	0	1	2	3	4
29.	Minha parceria me faz sentir como uma criança zangada/raivosa	0	1	2	3	4
30.	Eu tive muitas expectativas boas com minha parceria, mas fui decepcionado(a) constantemente	0	1	2	3	4
31.	Tenho uma relação instável em que terminamos e voltamos constantemente	0	1	2	3	4
32.	Minha parceria me fez mudar completamente, como se eu tivesse que ser outra pessoa	0	1	2	3	4
33.	Eu tenho que ser muito cuidadoso(a) com o que eu tenho para falar com minha parceria	0	1	2	3	4
34.	Esta relação será uma forma de comprovar socialmente o meu valor	0	1	2	3	4
35.	Me atraí pelo grau de dificuldade que tive para conquistar minha parceria	0	1	2	3	4
36.	Não posso confiar na minha parceria	0	1	2	3	4
37.	Acredito que conseguirei mudar minha parceria com o tempo	0	1	2	3	4

(Continua)

(Continuação)

38.	Temos uma relação intensa, em que vamos do 0 a 100 muito rápido	0	1	2	3	4
39.	O sexo é intenso e faz com que eu deixe os problemas de lado	0	1	2	3	4
40.	A minha parceria parecia inicialmente perfeita, mas com o passar do tempo me fez sentir desamparado(a)	0	1	2	3	4
41.	Minha parceria me cobra excessivamente	0	1	2	3	4
42.	Preciso assumir função de cuidado da minha parceria	0	1	2	3	4

Apêndice 6

Ficha de correção para as duas versões – Escala da Química Esquemática em Relacionamentos Amorosos (EQERA-Cardoso&Paim)

Nome:	Data:

INSTRUÇÕES PARA CORREÇÃO:

- Neste instrumento, há uma preferência por analisar item a item sobre o quanto há escolhas amorosas baseadas em uma química esquemática. Então, insira a resposta que você deu para cada item e, ao lado, classifique o nível de atenção que você deve ter nessas escolhas. Para interpretar a classificação, considere a descrição apresentada ao final da ficha de correção.
- *Lembre-se:* os resultados encontrados aqui não podem ser analisados isoladamente. Para melhor compreensão deles, busque auxílio profissional de um psicólogo ou psiquiatra.

Dimensão	Itens	Sua resposta	Classificação
Atração	1		( ) Sinal verde ( ) Sinal amarelo ( ) Sinal vermelho
	3		( ) Sinal verde ( ) Sinal amarelo ( ) Sinal vermelho
	4		( ) Sinal verde ( ) Sinal amarelo ( ) Sinal vermelho
	5		( ) Sinal verde ( ) Sinal amarelo ( ) Sinal vermelho
	7		( ) Sinal verde ( ) Sinal amarelo ( ) Sinal vermelho
	8		( ) Sinal verde ( ) Sinal amarelo ( ) Sinal vermelho
	9		( ) Sinal verde ( ) Sinal amarelo ( ) Sinal vermelho
	11		( ) Sinal verde ( ) Sinal amarelo ( ) Sinal vermelho
	12		( ) Sinal verde ( ) Sinal amarelo ( ) Sinal vermelho
	14		( ) Sinal verde ( ) Sinal amarelo ( ) Sinal vermelho
	16		( ) Sinal verde ( ) Sinal amarelo ( ) Sinal vermelho
	17		( ) Sinal verde ( ) Sinal amarelo ( ) Sinal vermelho
	19		( ) Sinal verde ( ) Sinal amarelo ( ) Sinal vermelho
	20		( ) Sinal verde ( ) Sinal amarelo ( ) Sinal vermelho
	21		( ) Sinal verde ( ) Sinal amarelo ( ) Sinal vermelho
	23		( ) Sinal verde ( ) Sinal amarelo ( ) Sinal vermelho
	24		( ) Sinal verde ( ) Sinal amarelo ( ) Sinal vermelho
	25		( ) Sinal verde ( ) Sinal amarelo ( ) Sinal vermelho
	27		( ) Sinal verde ( ) Sinal amarelo ( ) Sinal vermelho
	28		( ) Sinal verde ( ) Sinal amarelo ( ) Sinal vermelho
	29		( ) Sinal verde ( ) Sinal amarelo ( ) Sinal vermelho
	31		( ) Sinal verde ( ) Sinal amarelo ( ) Sinal vermelho
	33		( ) Sinal verde ( ) Sinal amarelo ( ) Sinal vermelho
	35		( ) Sinal verde ( ) Sinal amarelo ( ) Sinal vermelho
	36		( ) Sinal verde ( ) Sinal amarelo ( ) Sinal vermelho
	38		( ) Sinal verde ( ) Sinal amarelo ( ) Sinal vermelho
	39		( ) Sinal verde ( ) Sinal amarelo ( ) Sinal vermelho
	41		( ) Sinal verde ( ) Sinal amarelo ( ) Sinal vermelho
	42		( ) Sinal verde ( ) Sinal amarelo ( ) Sinal vermelho

(Continua)

(Continuação)

Ilusão	2	( ) Sinal verde ( ) Sinal amarelo ( ) Sinal vermelho
	6	( ) Sinal verde ( ) Sinal amarelo ( ) Sinal vermelho
	10	( ) Sinal verde ( ) Sinal amarelo ( ) Sinal vermelho
	13	( ) Sinal verde ( ) Sinal amarelo ( ) Sinal vermelho
	15	( ) Sinal verde ( ) Sinal amarelo ( ) Sinal vermelho
	18	( ) Sinal verde ( ) Sinal amarelo ( ) Sinal vermelho
	22	( ) Sinal verde ( ) Sinal amarelo ( ) Sinal vermelho
	26	( ) Sinal verde ( ) Sinal amarelo ( ) Sinal vermelho
	30	( ) Sinal verde ( ) Sinal amarelo ( ) Sinal vermelho
	32	( ) Sinal verde ( ) Sinal amarelo ( ) Sinal vermelho
	34	( ) Sinal verde ( ) Sinal amarelo ( ) Sinal vermelho
	37	( ) Sinal verde ( ) Sinal amarelo ( ) Sinal vermelho
	40	( ) Sinal verde ( ) Sinal amarelo ( ) Sinal vermelho

INTERPRETAÇÃO DOS RESULTADOS:

- Pontuação **0** = "Sinal verde": esse é um tipo de escolha que você não faz, logo, tem baixa química esquemática por relações que apresentem essas características.
- Pontuação **1** ou **2** = "Sinal amarelo": esse é um tipo de escolha que você pode ter a tendência de fazer algumas vezes; elas são baseadas em química esquemática e você precisa ficar atento(a) para não ter prejuízos emocionais.
- Pontuação **3** ou **4** = "Sinal vermelho": esse é um tipo de escolha que você tem feito na maior parte das vezes; elas são baseadas em uma forte química esquemática que tende a trazer insatisfação e desconexão com aquilo que você realmente precisa em um relacionamento.

DIMENSÕES AVALIATIVAS:

- Em cada conjunto de itens, você encontrará escolhas que podem ser baseadas em **atração** ou **ilusão**.

Atração: envolve a busca, sem muito raciocínio, por pessoas e/ou relações que são familiares para o indivíduo, seja pelo suprimento ou pela escassez emocional. Na atração baseada na química esquemática, a pessoa busca repetir padrões que estejam de acordo com seus esquemas.
Itens: 1, 3, 4, 5, 7, 8, 9, 11, 12, 14, 16, 17, 19, 20, 21, 23, 24, 25, 27, 28, 29, 31, 33, 35, 36, 38, 39, 41, 42.

Ilusão: envolve um filtro mental de idealização que enquadra o(a) parceiro(a) nos seus moldes internos. Nesse processo, é possível que toda uma maneira de funcionar seja recortada a apenas um fragmento que, de alguma forma, faça sentido para o indivíduo em sua expectativa de amor romântico.
Itens: 2, 6, 10, 13, 15, 18, 22, 26, 30, 32, 34, 37, 40.

Apêndice 7

Como estão seus investimentos relacionais?

O Dr. John Gottman é um dos grandes pesquisadores mundiais sobre terapia de casais.

Em seus estudos, ele identificou que relacionamentos saudáveis têm uma fórmula que proporciona maior conexão e satisfação na relação, chamada de Gottman Magic Ratio. Nessa mensuração, ele propõe a frequência **5:1** no que concerne à presença de comportamentos positivos *versus* negativos no relacionamento. Pensando nessa lógica, vamos refletir sobre sua relação? A seguir, há um quadro para que você preencha com os investimentos que tem feito em seu relacionamento.

AUTOAVALIAÇÃO

−	Comportamentos que preciso melhorar na relação, pois tendem a me afastar do(a) meu(minha) parceiro(a)	− − − − − −
+	Comportamentos que posso manter na relação, pois me conectam com meu(minha) parceiro(a)	+ + + + + + +

Com base na resposta ao quadro anterior, sua frequência é: ____ (-) para ____ (+).

Avaliando sua frequência, respondida no quadro anterior, como andam seus investimentos relacionais? Em que você pode melhorar para construir uma relação conectada?

_____
_____
_____
_____
_____
_____

AVALIAÇÃO DO(A) PARCEIRO(A)

-	Comportamentos que meu(minha) parceiro(a) precisa melhorar na relação, pois tendem a me afastar dele(a)	- - - - - -
+	Comportamentos que meu(minha) parceiro(a) pode manter na relação, pois me conectam com ele(a)	+ + + + + + +

Com base na resposta ao quadro anterior, a frequência do(a) seu(sua) parceiro(a) é: ____ (-) para ____ (+).

Avaliando a frequência que você registrou sobre seu(sua) parceiro(a), como vocês podem trabalhar juntos(as) para construir uma relação significativa, respeitosa e nutritiva emocionalmente?

_____

_____

_____

_____

_____

_____

Lembre-se: uma relação é um processo de construção compartilhada. É necessário o investimento de ambas as pessoas para que ela cresça e alcance conexão emocional. Para superar a química esquemática, o compromisso do casal em construir um significado compartilhado e valioso é fundamental.